Inhaltsverzeichnis

W0041553

Ich bin Pepe.

1 Suche **A a** und **E e**. Spure nach.

Ananas

Elefant

Esel

Apfel

Lama

Kamel

2 Suche **U u**, **O o** und **I i**. Spure nach.

Iglu

Obst

Pinguin

Ufo

Pilot

Kino

3 Suche **A a**, **E e**, **I i**, **O o** und **U u**. Spure nach.

Melone

Apfel

Uhu

Radio

Pokal

Telefon

1 Sprich in Silben und verbinde.

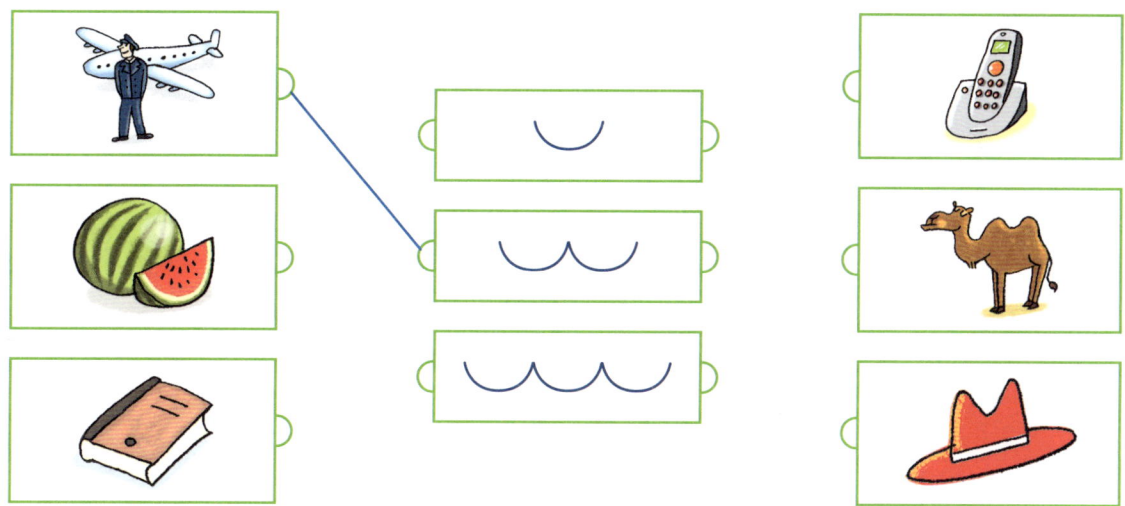

2 Schreibe die Wörter.
Markiere die Vokale. Zeichne Silbenbögen ein.

3 Was fällt dir auf?

a, e, i, o, u
sind Vokale.

Jede Silbe hat mindestens einen _____.

kontrolliert: ⭐ **3**

A
B
C
D
E
F
G
H
I
J
K
L
M
N
O
P
Qu
R
S
T
U
V
W
X
Y
Z

1 Markiere die Vokale gelb und die Konsonanten grün.

2 Verbinde.

Du hast gehört, dass a, e, i, o, u Vokale sind. Die anderen Buchstaben heißen Konsonanten.

4

1 Schreibe die Tiernamen zu den Buchstaben. Male an.
Überlege dir ein Fantasietier mit **X**. Male es auf ein Extrablatt.

Affe

Bär

Chamäleon

Delfin

Ente

Frosch

Giraffe

Hase

Igel

Jaguar

Kamel

Löwe

Maus

A ffe
B
C
D
E
F
G
H
I
J
K
L
M
N
O
P
Qu
R
S
T
U
V
W
X
Y
Z

Nashorn

Otter

Panda

Qualle

Reh

Seehund

Tiger

Uhu

Vogel

Wal

Yak

Zebra

1 Lies und verbinde.

| Wüste | König | Träne | Gemüse | Bär | Flöte |

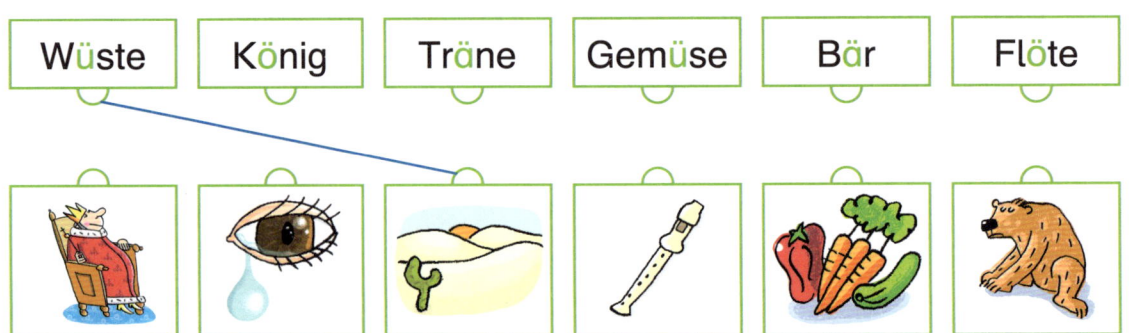

2 Schreibe die Reimwörter.
Markiere **ä ö ü**. Zeichne Silbenbögen ein.

Möwe

Löwe

Schäfer

Kröte

Flüge

Zügel

Wände

ä

ö

ü

1 Schreibe jeweils das Wort mit Artikel und die Mehrzahl dazu. Markiere **Ä ä**.

Aus a wird ä.

 der Schwan  die Schw**ä**ne

 _____   _____

 _____  _____

2 Schreibe jeweils das Wort mit Artikel und die Mehrzahl dazu. Markiere **ö**.

Aus o wird ö.

 _____   _____

 _____  _____

 _____   _____

3 Schreibe jeweils das Wort mit Artikel und die Mehrzahl dazu. Markiere **ü**.

Aus u wird ü.

 _____  _____

 _____  _____

 _____  _____

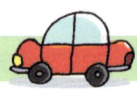

Zwielaute: **Au/au**

① Lies und verbinde.

Maus	Auto	Baum	Haus	Schaukel

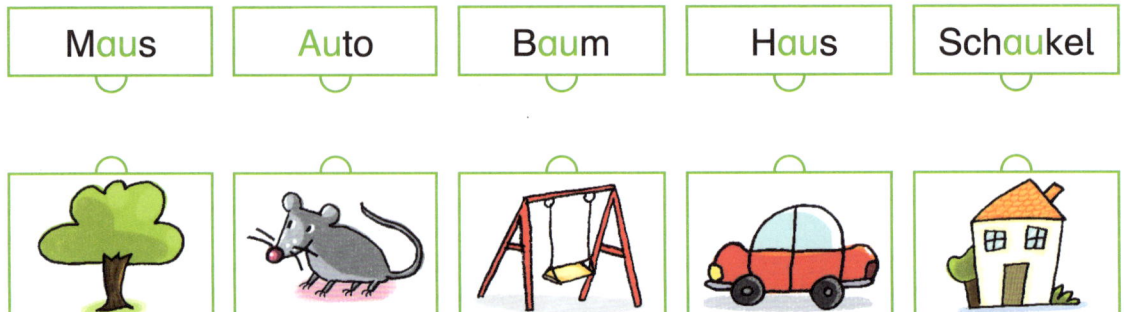

② Schreibe die Reimwörter.
Markiere **au**. Zeichne Silbenbögen ein.

Traum

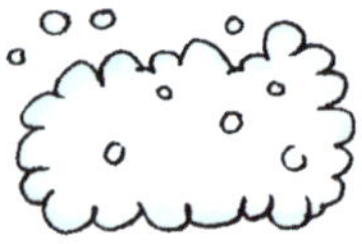

Schraube

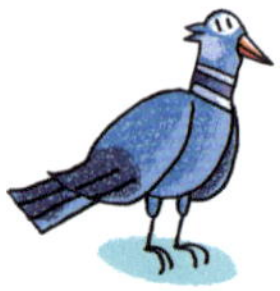

Bauer

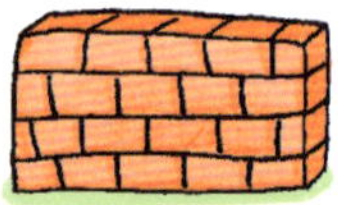

Frau

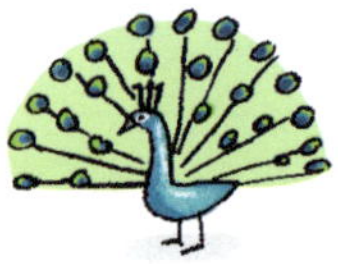

Laus

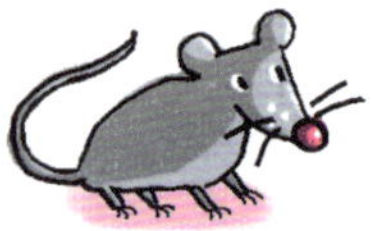

Rauch

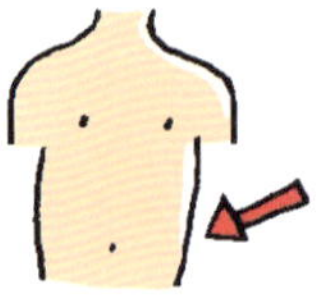

Au

au

 kontrolliert:

1 Lies und verbinde.

| Bein | Eimer | Reifen | Eis | Eier |

2 Schreibe die Reimwörter.
Markiere **Ei ei**. Zeichne Silbenbögen ein.

Seil

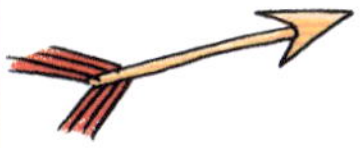

Seife

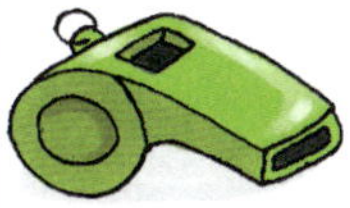

Eier

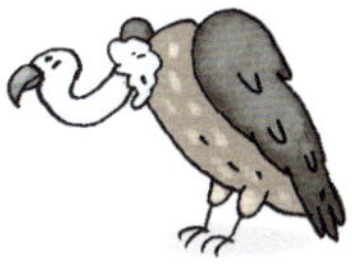

Reiter

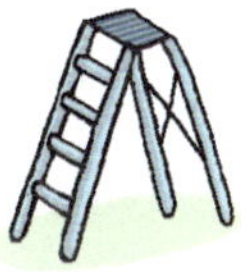

Pfeife

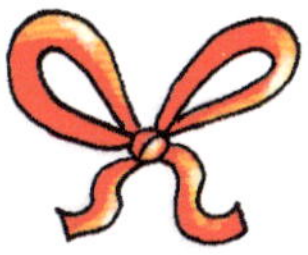

Reis

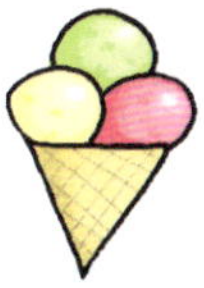

Ei

ei

1 Lies und verbinde.

| Eule | Scheune | Euro | Feuer | Beule |

2 Markiere **Eu** **eu**. Schreibe die Wörter.

Beutel	Keule	Freude
Beutel		

Europa	Freund	Leute

neu	euch	neun

Eu _____

eu _____

10 kontrolliert: ☆

Ein **SONNEN**-Gedicht

S trahlen

O stern

N ektarine

N atur

E rdbeere

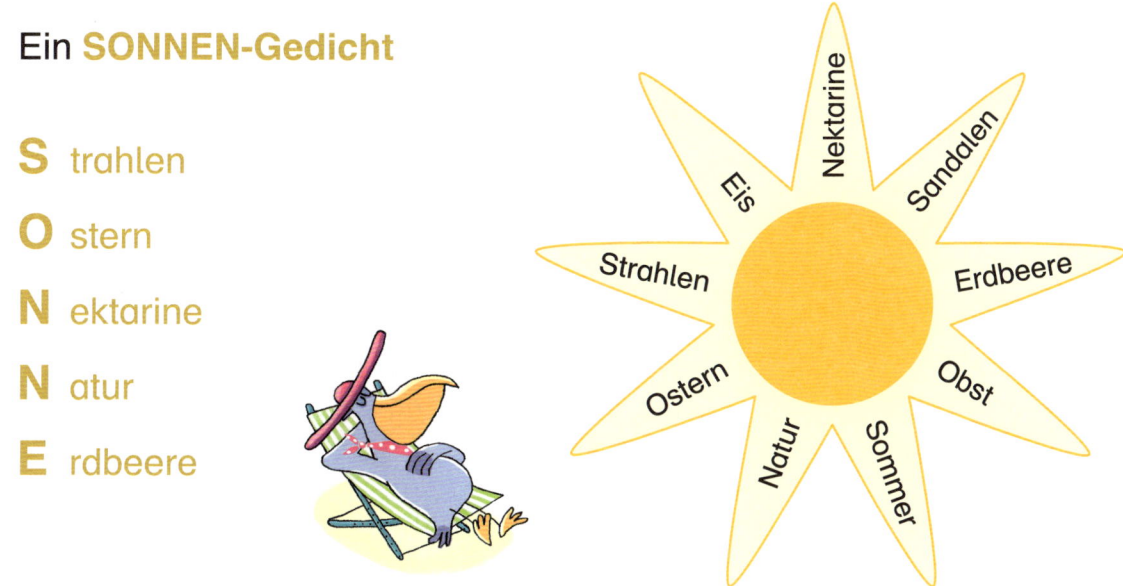

Eis

Nektarine

Sandalen

Strahlen

Erdbeere

Ostern

Obst

Natur

Sommer

1 Schreibe ein eigenes **SOMMER**-Gedicht.

S _____

O _____

M _____

M _____

E _____

R _____

SONNE

MEER

ERNTE

MELONE

REGEN

REISEN

OLIVE

SCHWIMMEN

MUSCHELN

OZEAN

ERDBEERE

1 Wo hörst du **ch**? Kreise ein.

2 Schreibe die Reimwörter.
Markiere **ch**. Zeichne Silbenbögen ein.

Loch	Tuch

Teich	Fach

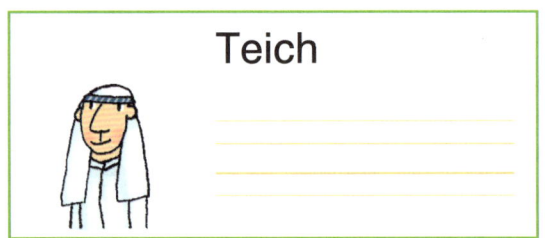
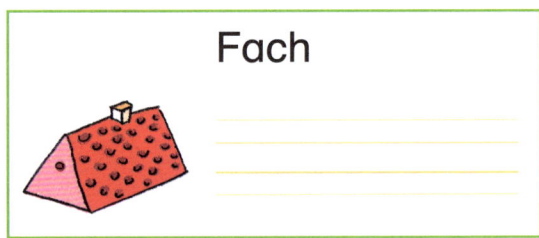

Bach	Rauch

ch

1 Lies und verbinde.

| Bau**ch** | Ba**ch** | Mil**ch** | Tei**ch** | Ko**ch** |

2 Schreibe die Wörter.
Markiere **ch**. Zeichne Silbenbögen ein.

K u **ch** e n

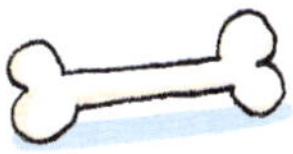

(1) Wo hörst du **Sch sch**? Kreise ein.

(2) Schreibe die Reimwörter.
Markiere **Sch sch**. Zeichne Silbenbögen ein.

Flasche	Fisch

Schlaf	kuscheln

Hirsche	Rutsche

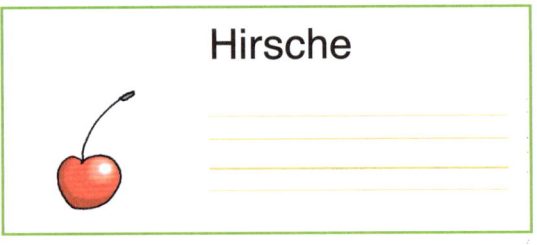

Sch

sch

1 Schreibe die Wörter.
Markiere **Sch** **sch**. Zeichne Silbenbögen ein.

2 Hörst du **Sch/sch** oder **ch**? Schreibe auf.

Wörter mit **Sch/sch**	Wörter mit **ch**
Rutsche	

1 Wo hörst du **ng**? Kreise ein.

2 Schreibe die Reimwörter.
Markiere **ng**. Zeichne Silbenbögen ein.

Spange	Schlange

Junge	klingen

Dinge	Stange
	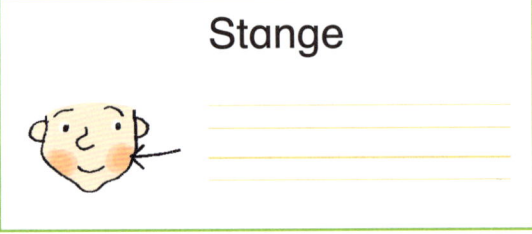

ng

1 Wo hörst du **nk**? Kreise ein.

2 Schreibe die Wörter.
Markiere **nk**. Zeichne Silbenbögen ein.

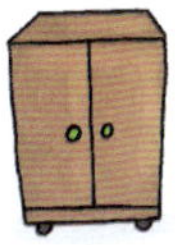

nk

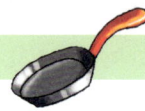

Pf/pf klingt wie ein Laut

① Wo hörst du **Pf pf**? Kreise ein.

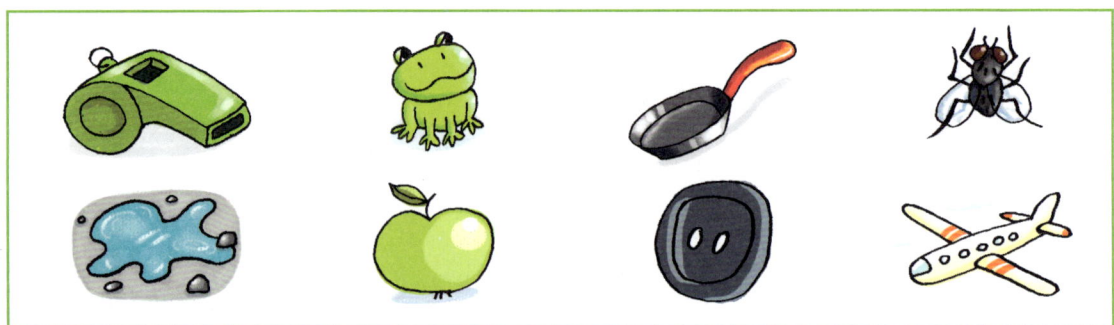

② Schreibe die Reimwörter.
Markiere **pf**. Zeichne Silbenbögen ein.

Töpfe

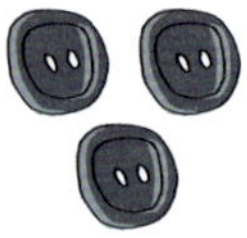

Kopf

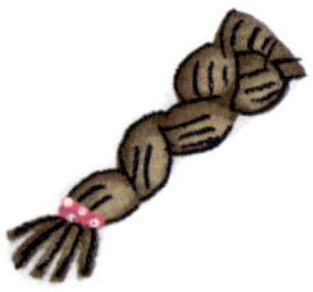

Wipfel

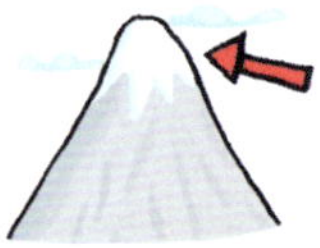

Sumpf

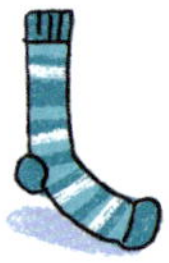

Knopf

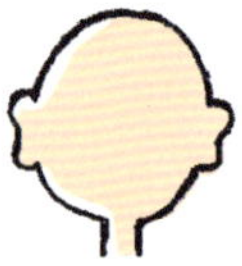

Krapfen

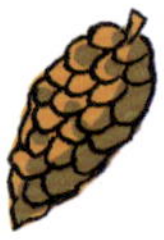

Pf

pf

1 Schreibe die Wörter.
Markiere **Pf pf**. Zeichne Silbenbögen ein.

2 Hörst du **Pf/pf** oder **F/f**? Schreibe auf.

Wörter mit **Pf/pf**   Wörter mit **F/f**

1 Suche die Wörter im Bild. Male an.

der Baum   die Rutsche   die Blume

der Hund   die Schaukel   der Ball

2 Schreibe die Nomen aus Aufgabe 1 mit Artikel auf.
Markiere den Anfangsbuchstaben des Nomens.

der **B**aum

3 Ergänze den Anfangsbuchstaben.
Schreibe die richtigen Artikel zu den Wörtern.

der die das

der **E** sel   _____ elefon

_____ atze   _____ lefant

1 Erzähle zu dem Bild.

Nomen schreibst du groß.

2 Suche die Tiere im Bild und schreibe sie mit Artikel auf.

Er ist klein und hat Stacheln. _____

Sie sitzt auf dem Baum. _____

Er sitzt hinter dem Busch. _____

Er ist groß und hat ein Geweih. _____

Es sitzt auf dem Baum
und knackt eine Nuss. _____

3 Schreibe selbst ein Rätsel.

_____

_____

_____

_____

1 Finde die Nomen. Überprüfe mit **der die das**.

SAND   KLEIN

FISCH   STEIN

DELFIN

WELLE   BLATT   MUSCHELN

WASSER   NASS

DUNKEL

2 Schreibe alle Nomen mit Artikel auf.

kontrolliert: ☆

1 Schreibe Sätze.

Denk an den Punkt am Satzende.

Das  | kauft | ein  .

Das Mädchen _____ .

Die  | malen | im  .

_____

Der  | sucht | einen .

_____

Die Kinder _____

_____

_____

_____

kontrolliert: ⭐ **23**

1 Schreibe die Sätze richtig auf.

Schreibe den Satzanfang groß.

| die | Tomaten | rot | sind |

Die Tomaten .

| viele | gern | Kinder | singen |

| Seife | die | riecht | fein |

| laut | der | Hund | bellt |

| der | lustig | ist | Clown |

1 Schreibe die Sätze. Male an.

MÄUSE SIND GRAU.

Mäuse

MÄUSE SIND STARK.

DAS IST ANTON.

SEIN FELL IST NICHT GRAU.

ES IST BUNT.

2 Schreibe den passenden Satzanfang. Male an.

der   die   das

____ Maus ist bunt.

____ Elefant ist grau.

____ Kamel ist braun.

____ Frosch ist grün.

____ Puma ist schwarz.

kontrolliert: ⭐ **25**

1 Schreibe die Nomen mit Artikel.
Markiere **ie**.

ie klingt immer lang.

die Biene,

2 Schreibe die Reimwörter.
Markiere **ie**. Zeichne Silbenbögen ein.

Wiege

Sieb

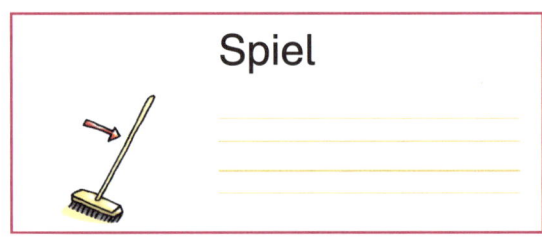

Papier

Spiel

Schiene

Liege

1 Markiere **ie**.
Schreibe die Wörter.

liegen	lieben	sieben

spielen	fliegen	wiegen

niesen	biegen	riechen

2 Trenne die Wörter aus Aufgabe 1.
Markiere **ie**.

lie - gen,

3 Wo hörst du ein langes **i** (**ie**)? Kreise ein.

kontrolliert: ☆ **27**

1 Was haben alle diese Wörter gemeinsam?
Kreise ein.

• Vater	• Winter	• Füller	• Bruder
• Wasser	• Käfer	• Fenster	• Hamster

Endbaustein
-er

2 Schreibe die Wörter aus Aufgabe 1 mit Artikel auf.

der Vater,

3 Suche eigene Wörter mit dem Endbaustein •-er.

1 Färbe passende Teile in der gleichen Farbe.
Schreibe die Wörter mit Artikel auf.

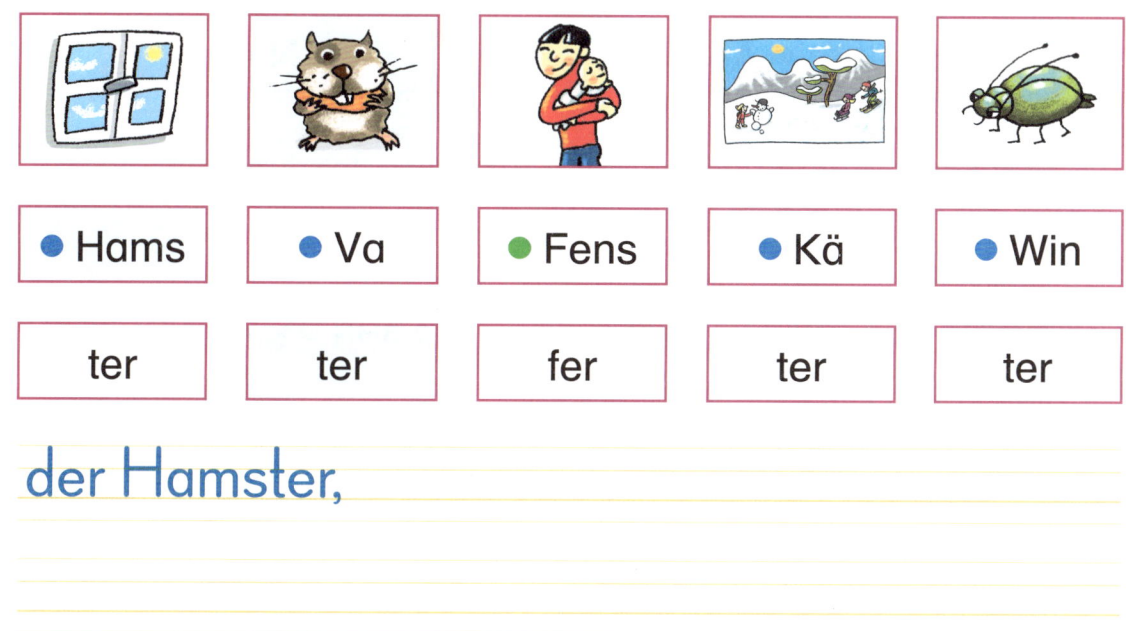

| • Hams | • Va | • Fens | • Kä | • Win |
| ter | ter | fer | ter | ter |

der Hamster,

2 Setze die passenden Wörter ein.

Roller   Vater   Käfer   Fenster   Kinder   Finger

Die Sonne scheint durch das _____ .

Mit meinem _____ gehe ich zum Spielplatz.

Ich nehme meinen _____ mit.

Auf dem Spielplatz treffe ich viele andere _____ .

Wir entdecken einen grünen _____ .

Er krabbelt auf meinem _____ .

1 Was haben alle diese Wörter gemeinsam?
Kreise ein.

● Vogel	● Apfel	● Igel	● Nudel
● Esel	● Gabel	● Ampel	● Nadel

2 Schreibe die Wörter aus Aufgabe 1 mit Artikel auf.

3 Suche eigene Wörter mit dem Endbaustein -el.

1 Färbe passende Teile in der gleichen Farbe.
Schreibe die Wörter mit Artikel auf.

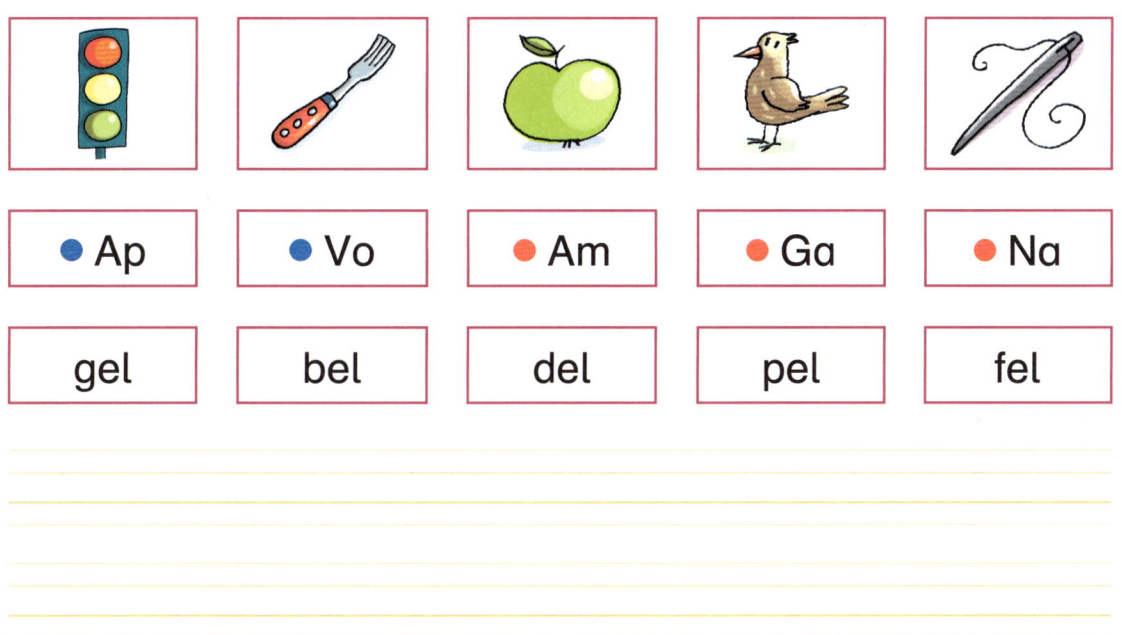

• Ap	• Vo	• Am	• Ga	• Na
gel	bel	del	pel	fel

2 Setze die passenden Wörter ein.

Nebel   Vogel   Apfel   Igel   Onkel   Mantel

Es ist Herbst und der letzte _____ fällt vom Baum.

Auf einem Ast sitzt ein _____ .

Ein _____ versteckt sich im Laub.

Der _____ löst sich langsam auf.

Mit meinem _____ gehe ich in den Wald.

Ich ziehe meinen _____ an.

kontrolliert: ⭐ **31**

So schreibst du richtig ab.

Wort oder Satz genau lesen.

Schwierige Stellen markieren.

Wort oder Satz zudecken.

Wort oder Satz merken.

Wort oder Satz schreiben und mitsprechen.

Wort oder Satz kontrollieren und korrigieren.

1 Schreibe die Wörter richtig ab. Beachte die Tipps oben.

Sport

Sport

Rabe

Telefon

Tomate

Stein

Blume

Junge

Bank

Fuß

Mädchen

Füller

Katze

Lösungen
Deutsch-Stars – Fördern und Inklusion 2

(zum Heraustrennen die mittlere Klammer lösen)

Vokale

① Suche **A a** und **E e**. Spure nach.

Ananas	Elefant	Esel
Apfel	Lama	Kamel

② Suche **U u**, **O o** und **I i**. Spure nach.

Iglu	Obst	Pinguin
Ufo	Pilot	Kino

③ Suche **A a**, **E e**, **I i**, **O o** und **U u**. Spure nach.

Melone	Apfel	Uhu
Radio	Pokal	Telefon

2 kontrolliert: ☆

Vokale und Silben

① Sprich in Silben und verbinde.

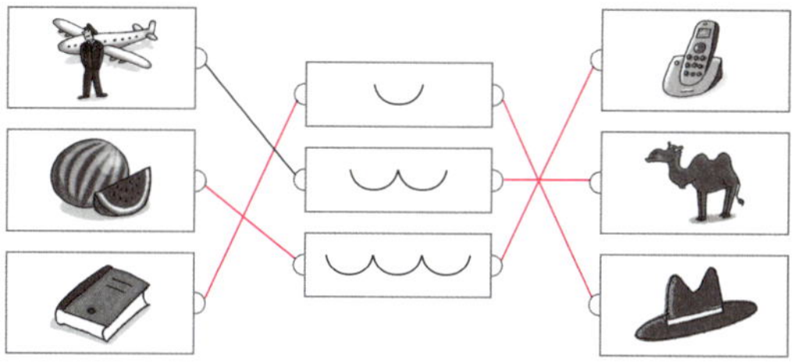

② Schreibe die Wörter.
Markiere die Vokale. Zeichne Silbenbögen ein.

Lama	Telefon
Pokal	Banane
Pilot	Salat

a, e, i, o, u sind Vokale.

③ Was fällt dir auf?

Jede Silbe hat mindestens einen **Vokal** .

kontrolliert: ☆ **3**

Das ABC

A B C D E F G H I J K L M N O P Qu R S T U V W X Y Z

① Markiere die Vokale gelb und die Konsonanten grün.

② Verbinde.

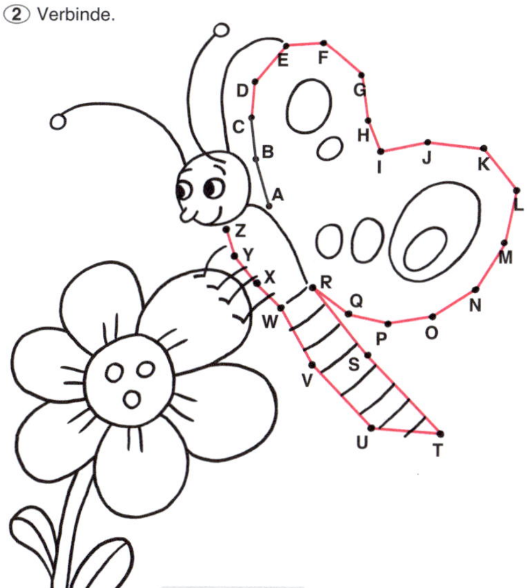

Du hast gehört, dass a, e, i, o, u Vokale sind. Die anderen Buchstaben heißen Konsonanten.

4

Das ABC

① Schreibe die Tiernamen zu den Buchstaben. Male an.
Überlege dir ein Fantasietier mit **X**. Male es auf ein Extrablatt.

A ffe
B är
C hamäleon
D elfin
E nte
F rosch
G iraffe
H ase
I gel
J aguar
K amel
L öwe
M aus
N ashorn
O tter
P anda
Qu alle
R eh
S eehund
T iger
U hu
V ogel
W al
X *Zeige deine Lösung einem Erwachsenen.*
Y ak
Z ebra

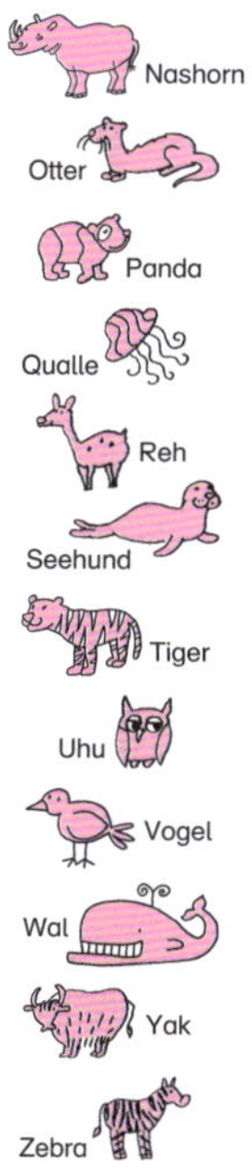

Nashorn
Otter
Panda
Qualle
Reh
Seehund
Tiger
Uhu
Vogel
Wal
Zebra
Yak

Affe
Bär
Chamäleon
Delfin
Ente
Frosch
Giraffe
Hase
Igel
Jaguar
Kamel
Löwe
Maus

kontrolliert: ☆ **5**

① Lies und verbinde.

Wüste	König	Träne	Gemüse	Bär	Flöte

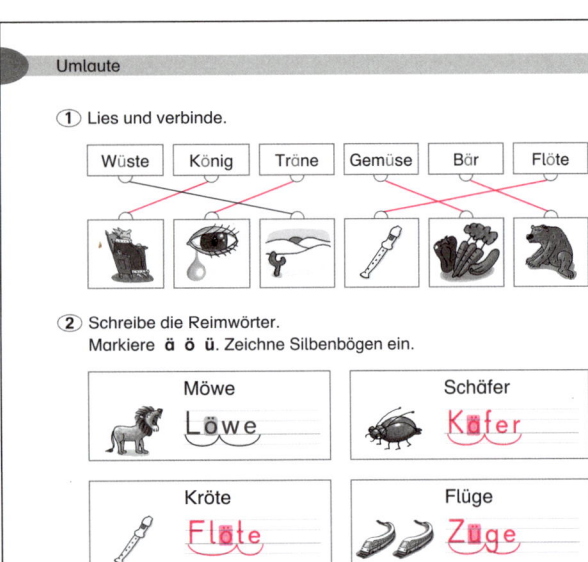

② Schreibe die Reimwörter.
Markiere **ä ö ü**. Zeichne Silbenbögen ein.

Möwe	Schäfer
Löwe	Käfer

Kröte	Flüge
Flöte	Züge

Zügel	Wände
Flügel	Hände

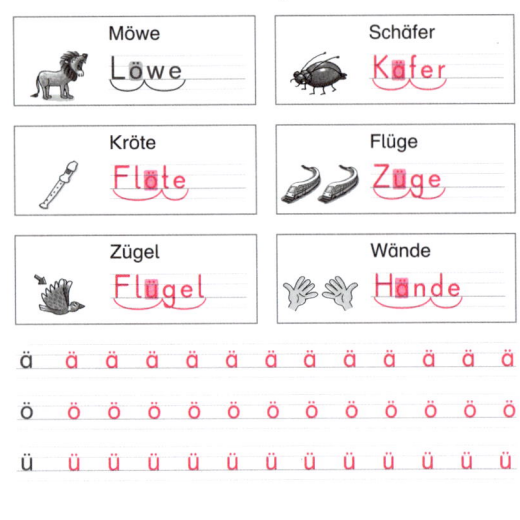

ä ä ä ä ä ä ä ä ä ä ä ä

ö ö ö ö ö ö ö ö ö ö ö ö

ü ü ü ü ü ü ü ü ü ü ü ü

---

① Schreibe jeweils das Wort mit Artikel und die Mehrzahl dazu. Markiere **Ä ä**.

Aus a wird ä.

der Schwan — die Schwäne

der Apfel — die Äpfel

die Gans — die Gänse

② Schreibe jeweils das Wort mit Artikel und die Mehrzahl dazu. Markiere **ö**.

Aus o wird ö.

der Frosch — die Frösche

der Topf — die Töpfe

der Knopf — die Knöpfe

③ Schreibe jeweils das Wort mit Artikel und die Mehrzahl dazu. Markiere **ü**.

Aus u wird ü.

der Turm — die Türme

der Wurm — die Würmer

der Hut — die Hüte

---

① Lies und verbinde.

Maus	Auto	Baum	Haus	Schaukel

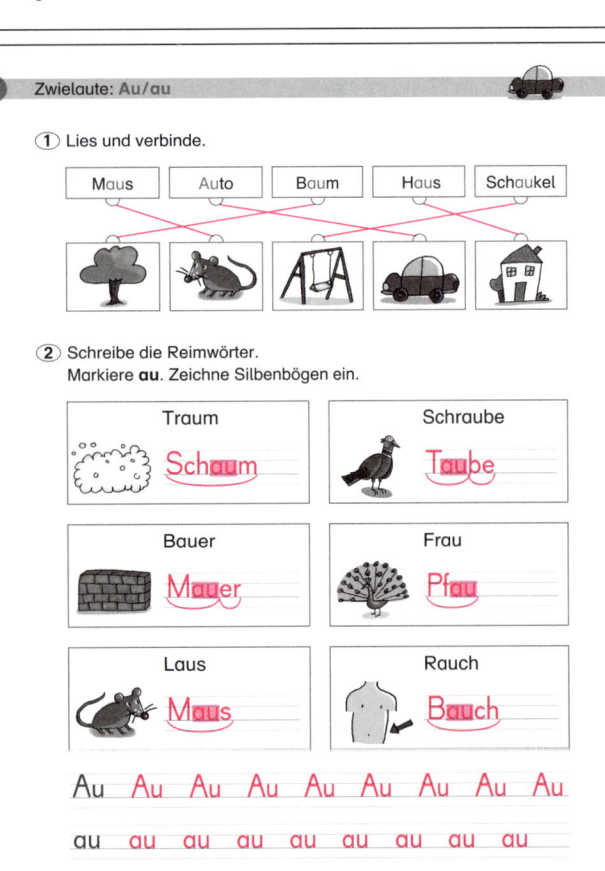

② Schreibe die Reimwörter.
Markiere **au**. Zeichne Silbenbögen ein.

Traum	Schraube
Schaum	Taube

Bauer	Frau
Mauer	Pfau

Laus	Rauch
Maus	Bauch

Au Au Au Au Au Au Au Au Au

au au au au au au au au au

---

① Lies und verbinde.

Bein	Eimer	Reifen	Eis	Eier

② Schreibe die Reimwörter.
Markiere **Ei ei**. Zeichne Silbenbögen ein.

Seil	Seife
Pfeil	Pfeife

Eier	Reiter
Geier	Leiter

Pfeife	Reis
Schleife	Eis

Ei Ei Ei Ei Ei Ei Ei Ei Ei Ei

ei ei ei ei ei ei ei ei ei ei ei

① Lies und verbinde.

| Eule | Scheune | Euro | Feuer | Beule |

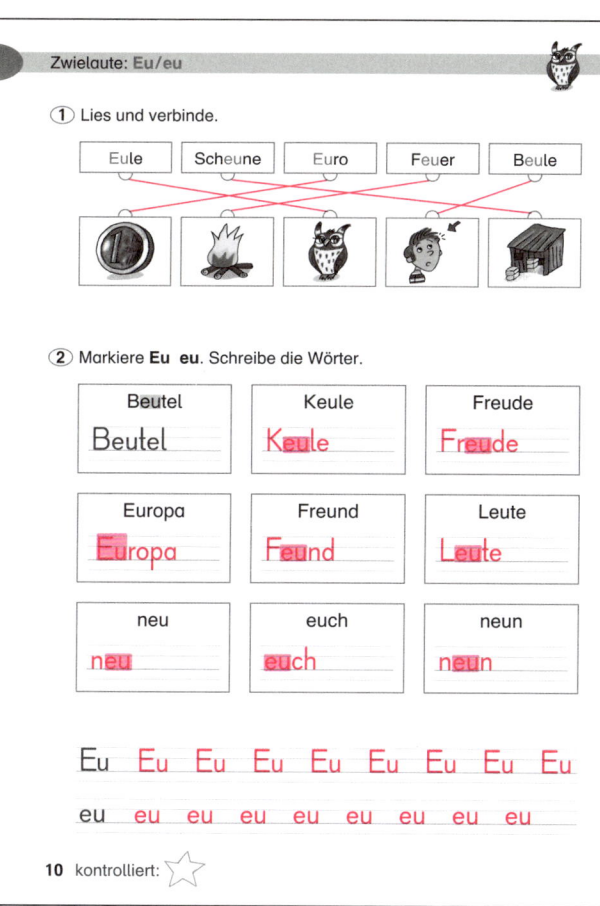

② Markiere **Eu eu**. Schreibe die Wörter.

Beutel	Keule	Freude
Beutel	Keule	Freude

Europa	Freund	Leute
Europa	Feund	Leute

neu	euch	neun
neu	euch	neun

Eu Eu Eu Eu Eu Eu Eu Eu Eu

eu eu eu eu eu eu eu eu eu

Ein SONNEN-Gedicht

S trahlen
O stern
N ektarine
N atur
E rdbeere

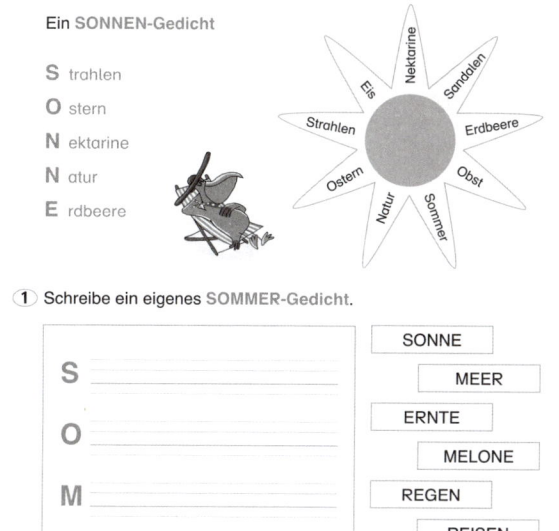

① Schreibe ein eigenes SOMMER-Gedicht.

S _____
O _____
M _____
M _____
E _____
R _____

Zeige deine Lösung einem Erwachsenen.

| SONNE |
| MEER |
| ERNTE |
| MELONE |
| REGEN |
| REISEN |
| OLIVE |
| SCHWIMMEN |
| MUSCHELN |
| OZEAN |
| ERDBEERE |

---

① Wo hörst du **ch**? Kreise ein.

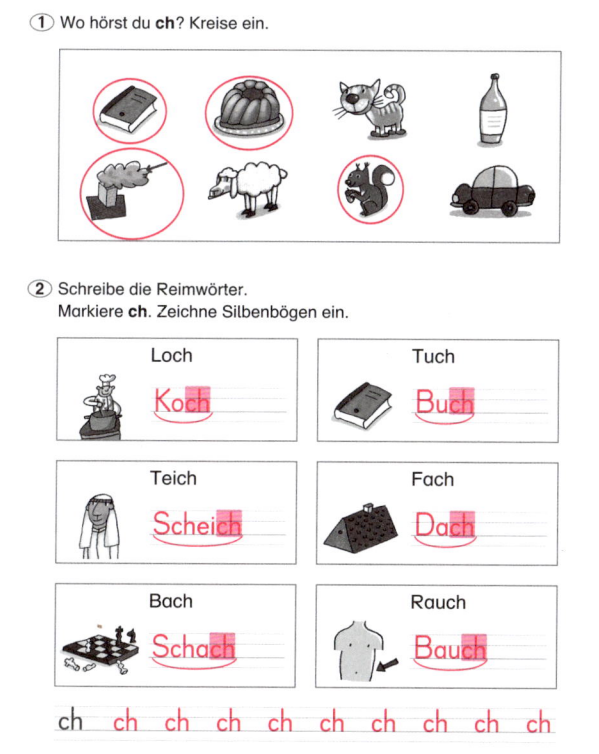

② Schreibe die Reimwörter.
Markiere **ch**. Zeichne Silbenbögen ein.

Loch	Tuch
Koch	Buch

Teich	Fach
Scheich	Dach

Bach	Rauch
Schach	Bauch

ch ch ch ch ch ch ch ch ch ch

---

① Lies und verbinde.

| Bauch | Bach | Milch | Teich | Koch |

② Schreibe die Wörter.
Markiere **ch**. Zeichne Silbenbögen ein.

Kuchen	Kirche
Drache	Koch
Taucher	Dach
Knochen	Elch

① Wo hörst du **Sch sch**? Kreise ein.

② Schreibe die Reimwörter.
Markiere **Sch sch**. Zeichne Silbenbögen ein.

Flasche	Fisch
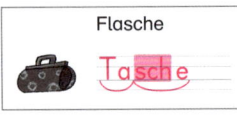 Tasche	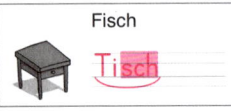 Tisch

Schlaf	kuscheln
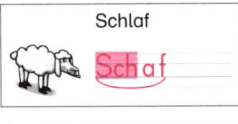 Schaf	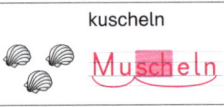 Muscheln

Hirsche	Rutsche
 Kirsche	 Kutsche

Sch Sch Sch Sch Sch Sch Sch

sch sch sch sch sch sch sch sch

14

---

① Schreibe die Wörter.
Markiere **Sch sch**. Zeichne Silbenbögen ein.

 Flasche	 Kirsche
 Schule	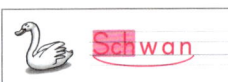 Schwan
 Schaf	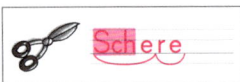 Schere

② Hörst du **Sch/sch** oder **ch**? Schreibe auf.

Wörter mit **Sch/sch**	Wörter mit **ch**
Rutsche	Trichter
Kirsche	Kirche
Tisch	Drache
Schal	Elch

kontrolliert: ⭐ 15

---

① Wo hörst du **ng**? Kreise ein.

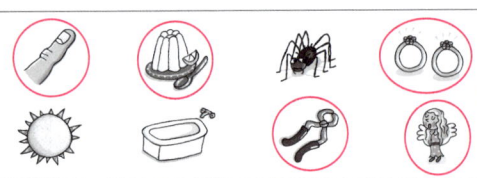

② Schreibe die Reimwörter.
Markiere **ng**. Zeichne Silbenbögen ein.

Spange	Schlange
 Schlange	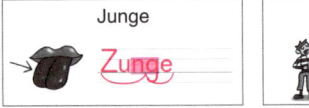 Zange

Junge	klingen
 Zunge	 singen

Dinge	Stange
Ringe	Wange

ng ng ng ng ng ng ng ng ng

16 kontrolliert: ⭐

---

① Wo hörst du **nk**? Kreise ein.

② Schreibe die Wörter.
Markiere **nk**. Zeichne Silbenbögen ein.

 Bank	 Anker
 Geschenk	 Schranke
 Schrank	 Henkel
 Tankstelle	Lenker

nk nk nk nk nk nk nk nk nk nk

kontrolliert: ⭐ 17

1 Wo hörst du **Pf pf**? Kreise ein.

2 Schreibe die Reimwörter.
Markiere **pf**. Zeichne Silbenbögen ein.

Töpfe	Kopf
Knöpfe	Zopf

Wipfel	Sumpf
Gipfel	Strumpf

Knopf	Krapfen
Kopf	Zapfen

Pf Pf Pf Pf Pf Pf Pf Pf Pf Pf

pf pf pf pf pf pf pf pf pf pf

---

1 Schreibe die Wörter.
Markiere **Pf pf**. Zeichne Silbenbögen ein.

	Pfote		Pfirsich
	Pfeife		Pflaster
	Pfeil		Apfel
	Pflaume		Knopf

2 Hörst du **Pf/pf** oder **F/f**? Schreibe auf.

Wörter mit **Pf/pf**	Wörter mit **F/f**
Zapfen	Reifen
Apfel	Fledermaus
Pfau	Frau

---

1 Suche die Wörter im Bild. Male an.

der Baum   die Rutsche   die Blume
der Hund   die Schaukel   der Ball

2 Schreibe die Nomen aus Aufgabe 1 mit Artikel auf.
Markiere den Anfangsbuchstaben des Nomens.

der Baum   die Schaukel

der Hund   die Blume

die Rutsche   der Ball

3 Ergänze den Anfangsbuchstaben.
Schreibe die richtigen Artikel zu den Wörtern.

der E sel   das T elefon

die K atze   der E lefant

---

1 Erzähle zu dem Bild.

Nomen schreibst du groß.

2 Suche die Tiere im Bild und schreibe sie mit Artikel auf.

Er ist klein und hat Stacheln. der Igel

Sie sitzt auf dem Baum. die Eule

Er sitzt hinter dem Busch. der Hase

Er ist groß und hat ein Geweih. der Hirsch

Es sitzt auf dem Baum
und knackt eine Nuss. das Eichhörnchen

3 Schreibe selbst ein Rätsel.

Zeige deine Lösung einem Erwachsenen.

① Finde die Nomen. Überprüfe mit **der die das**.

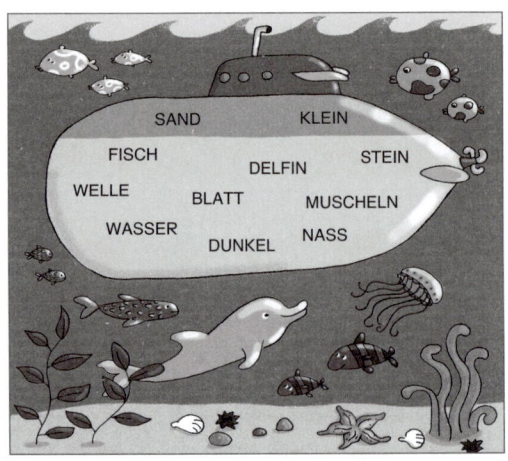

SAND KLEIN
FISCH DELFIN STEIN
WELLE BLATT MUSCHELN
WASSER DUNKEL NASS

② Schreibe alle Nomen mit Artikel auf.

der Sand   die Welle

der Fisch   die Muscheln

der Delfin   das Wasser

der Stein   das Blatt

---

① Schreibe Sätze.

Denk an den Punkt am Satzende.

Das  kauft ein .

Das Mädchen kauft ein Eis   .

Die  malen im  .

Die Kinder malen im Garten.

Der sucht einen .

Der Junge sucht einen Pilz.

 Die Kinder   Zeige deine

Lösung einem Erwachsenen.

 Zeige deine Lösung einem

Erwachsenen.

 Zeige deine Lösung einem

Erwachsenen.

---

① Schreibe die Sätze richtig auf.

Schreibe den Satzanfang groß.

die | Tomaten | rot | sind

Die Tomaten sind rot   .

viele | gern | Kinder | singen

Viele Kinder singen gern.

Seife | die | riecht | fein

Die Seife riecht fein.

laut | der | Hund | bellt

Der Hund bellt laut.

der | lustig | ist | Clown

Der Clown ist lustig.

---

① Schreibe die Sätze. Male an.

MÄUSE SIND GRAU.
Mäuse sind grau.

bunt ↓

MÄUSE SIND STARK.
Mäuse sind stark.

DAS IST ANTON.
Das ist Anton.

SEIN FELL IST NICHT GRAU.
Sein Fell ist nicht grau.

ES IST BUNT.
Es ist bunt.

② Schreibe den passenden Satzanfang. Male an.

der die das

Die Maus ist bunt.

Der Elefant ist grau.

Das Kamel ist braun.

Der Frosch ist grün.

Der Puma ist schwarz.

① Schreibe die Nomen mit Artikel.
   Markiere **ie**.

ie klingt immer lang.

die Biene, die Ziege, die Wiese, das Sieb,

der Riese, die Fliege

② Schreibe die Reimwörter.
   Markiere **ie**. Zeichne Silbenbögen ein.

Wiege	Sieb
 Ziege	 Dieb
Papier	Spiel
 Klavier	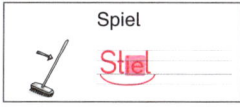 Stiel
Schiene	Liege
 Biene	 Fliege

① Markiere **ie**.
   Schreibe die Wörter.

liegen	lieben	sieben
liegen	lieben	sieben

spielen	fliegen	wiegen
spielen	fliegen	wiegen

niesen	biegen	riechen
niesen	biegen	riechen

② Trenne die Wörter aus Aufgabe 1.
   Markiere **ie**.

lie-gen, lie-ben, sie-ben, spie-len,

flie-gen, wie-gen, nie-sen, bie-gen,

rie-chen

③ Wo hörst du ein langes i (**ie**)? Kreise ein.

① Was haben alle diese Wörter gemeinsam?
   Kreise ein.

• Vater	• Winter	• Füller	• Bruder
• Wasser	• Käfer	• Fenster	• Hamster

② Schreibe die Wörter aus Aufgabe 1 mit Artikel auf.

der Vater, der Winter, der Füller, der Bruder,

das Wasser, der Käfer, das Fenster,

der Hamster

③ Suche eigene Wörter mit dem Endbaustein -er.

Beispiellösung:

Eimer

Sommer

Anker

Mauer

Tiger

Koffer

① Färbe passende Teile in der gleichen Farbe.
   Schreibe die Wörter mit Artikel auf.

• Hams	• Va	• Fens	• Kä	• Win
ter	ter	fer	ter	ter

der Hamster, der Vater, das Fenster,

der Käfer, der Winter

② Setze die passenden Wörter ein.

Roller   Vater   Käfer   Fenster   Kinder   Finger

Die Sonne scheint durch das Fenster.

Mit meinem Vater gehe ich zum Spielplatz.

Ich nehme meinen Roller mit.

Auf dem Spielplatz treffe ich viele andere Kinder.

Wir entdecken einen grünen Käfer.

Er krabbelt auf meinem Finger.

1 Was haben alle diese Wörter gemeinsam? Kreise ein.

 Vogel • Apfel • Igel • Nudel

 Esel • Gabel • Ampel • Nadel

2 Schreibe die Wörter aus Aufgabe 1 mit Artikel auf.

der Vogel, der Apfel, der Igel, die Nudel,

der Esel, die Gabel, die Ampel, die Nadel

3 Suche eigene Wörter mit dem Endbaustein -el.

Beispiellösung:

Himmel Wurzel Zwiebel Schaukel Esel Kartoffel

30

---

1 Färbe passende Teile in der gleichen Farbe. Schreibe die Wörter mit Artikel auf.

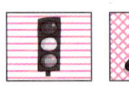 

• Ap • Vo • Am • Ga • Na

gel bel del pel fel

der Apfel, der Vogel, die Ampel, die Gabel,

die Nadel

2 Setze die passenden Wörter ein.

Nebel   Vogel   Apfel   Igel   Onkel   Mantel

Es ist Herbst und der letzte *Apfel* fällt vom Baum.

Auf einem Ast sitzt ein *Vogel* .

Ein *Igel* versteckt sich im Laub.

Der *Nebel* löst sich langsam auf.

Mit meinem *Onkel* gehe ich in den Wald.

Ich ziehe meinen *Mantel* an.

So schreibst du richtig ab.

 Wort oder Satz genau lesen.
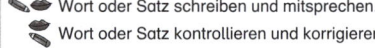 Schwierige Stellen markieren.
Wort oder Satz zudecken.
Wort oder Satz merken.
Wort oder Satz schreiben und mitsprechen.
Wort oder Satz kontrollieren und korrigieren.

1 Schreibe die Wörter richtig ab. Beachte die Tipps oben.

 Sport
Sport

 Rabe
Rabe

 Telefon
Telefon

 Tomate
Tomate

 Stein
Stein

Blume
Blume

Junge
Junge

 Bank
Bank

 Fuß
Fuß

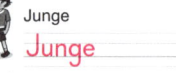 Mädchen
Mädchen

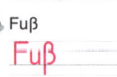 Füller
Füller

 Katze
Katze

32

---

1 Schreibe die Sätze richtig ab.

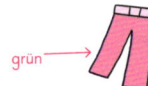 grün → Die Hose ist grün.
Die Hose ist grün.

 rot → Die Rose ist rot.
Die Rose ist rot.

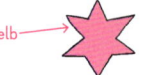 gelb → Der Stern ist gelb.
Der Stern ist gelb.

 blau → Das Haus ist blau.
Das Haus ist blau.

 schwarz → Das Quadrat ist schwarz.
Das Quadrat ist schwarz.

 grau → Die Katze ist grau.
Die Katze ist grau.

2 Male die Bilder in der richtigen Farbe an.

① Wo hörst du ein **St**? Kreise ein.

Ich höre SCHT.
Ich schreibe St oder st.

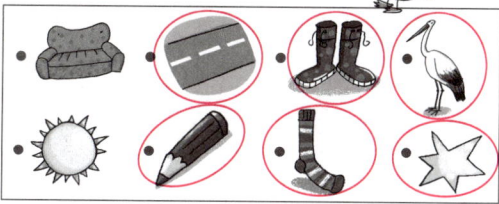

② Schreibe alle **St**-Wörter aus Aufgabe 1 mit Artikel auf.

die Straße, die Stiefel, der Stift,

der Strumpf, der Stern, der Storch

③ Suche eigene Wörter mit **St** **st**.

Beispiellösung:

Stadt

Stein

Stier

Strand

Stunde

Stuhl

34

---

① Setze **St** ein. Schreibe die Wörter mit Artikel auf.

der St iefel   der Stiefel

der St ift   der Stift

die St raße   die Straße

der St rumpf   der Strumpf

② Fülle die Lücken. Schreibe die Sätze richtig ab.

Am Himmel leuchten die Sterne .

Ich male mit meinen Stiften .

Die Autos fahren auf der Straße .

Auf dem Schornstein sitzt ein Storch .

Am Himmel leuchten die Sterne.

Ich male mit meinen Stiften.

Die Autos fahren auf der Straße.

Auf dem Schornstein sitzt ein Storch.

---

① Wo hörst du ein **Sp** **sp**? Kreise ein.

Ich höre SCHP.
Ich schreibe Sp oder sp.

② Schreibe alle **Sp/sp**-Wörter aus Aufgabe 1 mit Artikel auf.

die Spuren, der Spiegel, das Gespenst,

die Spinne, das Sparschwein, der Specht

③ Suche eigene Wörter mit **Sp** **sp**.

Beispiellösung:

Spaghetti

Spritze

Sport

Spinat

Spiel

Spitzer

36

---

① Setze **Sp** **sp** ein. Schreibe die Wörter mit Artikel auf.

der Sp iegel   der Spiegel

die Sp inne   die Spinne

die Sp uren   die Spuren

das Ge sp enst   das Gespenst

② **Sp** oder **St**?
Schreibe die Wörter mit Artikel richtig auf.

Wörter mit St	Wörter mit Sp
der Stift	der Spiegel
der Stern	die Spinne
die Stiefel	die Spuren
der Storch	der Specht

① Schreibe die passenden Verben unter die Bilder.

Verben sagen, was man tut.

baden   lesen   malen   spielen
hören   schreiben   rechnen   liegen
schneiden   gehen   reiten   singen

baden   lesen   malen

spielen   hören   schreiben

rechnen   liegen   schneiden

gehen   reiten   singen

38

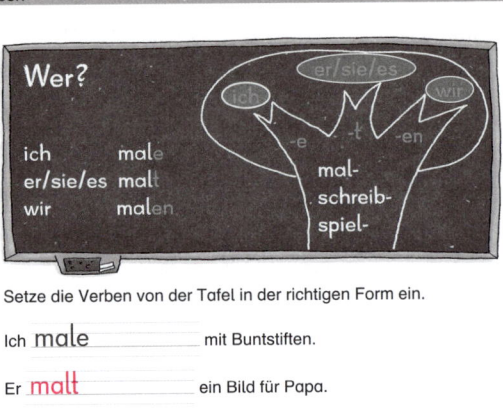

Wer?

er/sie/es   ich   wir

ich   male
er/sie/es   malt
wir   malen.

-e   -t   -en

mal-
schreib-
spiel-

① Setze die Verben von der Tafel in der richtigen Form ein.

Ich **male** mit Buntstiften.

Er **malt** ein Bild für Papa.

Wir **malen** mit Pinsel und Wasserfarbe.

Ich **schreibe** Emil einen Brief.

Sie **schreibt** eine lange Geschichte.

Wir **schreiben** in unser Heft.

Das Verb kann sich verändern.

Ich **spiele** mit meiner Oma Karten.

Es **spielt** gern auf dem Spielplatz.

Wir **spielen** zusammen Fußball.

kontrolliert: ⭐ 39

---

① Was haben alle diese Wörter gemeinsam?
Kreise ein.

Endbaustein -en

les**en**   mal**en**   sing**en**   bau**en**

kleb**en**   koch**en**   lauf**en**   schreib**en**

② Schreibe die Wörter aus Aufgabe 1 auf.

lesen, malen, singen, bauen,

kleben, kochen, laufen, schreiben

③ Suche eigene Wörter mit dem Endbaustein -en.

Beispiellösung:
hören
suchen
kaufen
gehen
essen
liegen

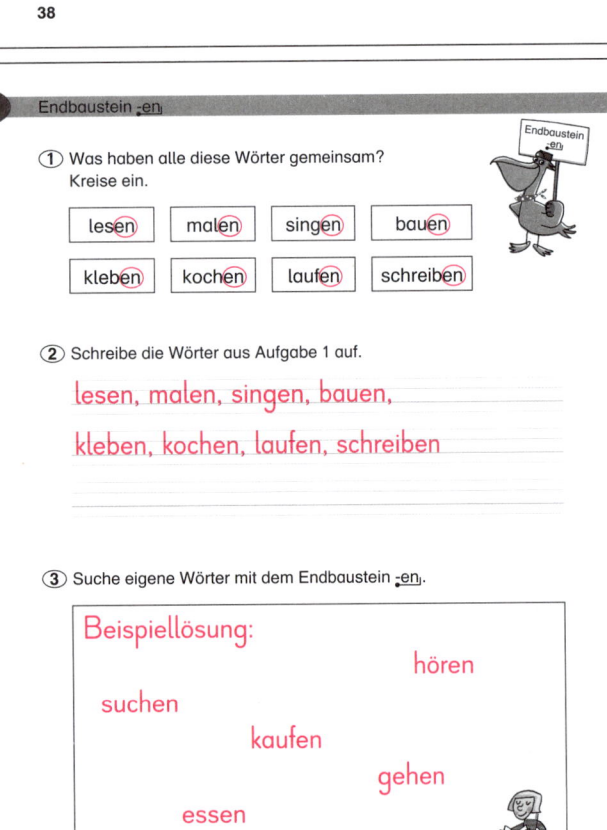

40

---

① Fülle die Lücken.

Die Kinder **malen** ein Bild.

Die Kinder **bauen** mit Bausteinen.

Die Kinder **lesen** ein Buch.

Die Kinder **laufen** zum Bus.

Beispiellösung:
Die Kinder **kochen eine Suppe** .

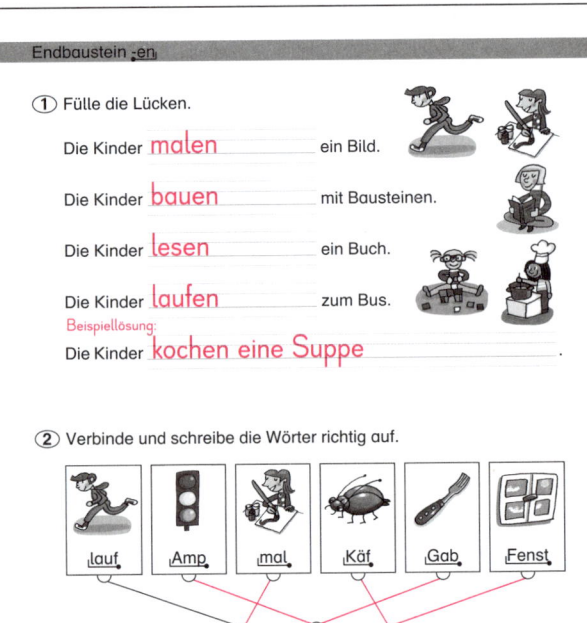

② Verbinde und schreibe die Wörter richtig auf.

lauf   Amp   mal   Käf   Gab   Fenst

-en   -el   -er

-en	-el	-er
laufen	Ampel	Käfer
malen	Gabel	Fenster

kontrolliert: ⭐ 41

① Setze den passenden Anfangsbuchstaben ein.
Schreibe die Nomen mit Artikel.

• **H**ase   • **B**rot   • **W**olke

der Hase   das Brot   die Wolke

• **G**abel   • **F**eder   • **R**egen

die Gabel   die Feder   der Regen

• **B**iene   • **F**uß   • **B**aby

die Biene   der Fuß   das Baby

② Setze die Verben in der richtigen Form ein.

singen   rufen   gehen   warten

Ich **rufe** meinen Hund.   Emil **ruft** seinen Hund.

Ich **gehe** hinaus.   Marie **geht** auch hinaus.

Ich **singe** gern.   Lisa **singt** auch gern.

Ich **warte** auf Max.   Max **wartet** auf mich.

---

① Schreibe die Sätze richtig auf.

INS WASSER · DIE JUNGEN ·
SPRINGEN

Die Jungen springen

ins Wasser.

AUF DER WIESE · DIE KINDER ·
SPIELEN

Die Kinder spielen

auf der Wiese.

IM GARTEN · DAS MÄDCHEN ·
SCHAUKELT

Das Mädchen schaukelt

im Garten.

AUF DER WIESE · DIE KINDER ·
SPIELEN · FUẞBALL

Die Kinder spielen Fußball

auf der Wiese.

---

① Kreise alle Wörter mit **D** am Anfang grün ein.
Kreise alle Wörter mit **T** am Anfang rot ein.

② Schreibe die Wörter aus Aufgabe 1 mit Artikel richtig auf.

Wörter mit **D** am Anfang	Wörter mit **T** am Anfang
die Dose	die Tafel
der Delfin	das Telefon
der Drache	die Tasche
der Dino	die Trompete

③ Löse die Rätsel. Die Bilder aus Aufgabe 1 helfen dir.

Es ist ein Tier und lebt im Wasser.   • der Delfin

Es hängt in jedem Klassenzimmer.   • die Tafel

Es ist ein lautes Instrument.   • die Trompete

---

① Ergänze **D** oder **T**.

Dino   **T**elefon   **D**ose   **D**rache

Delfin   **T**afel   **T**asche   **T**rompete

② Fülle die Lücken. Schreibe eigene Sätze.

Das 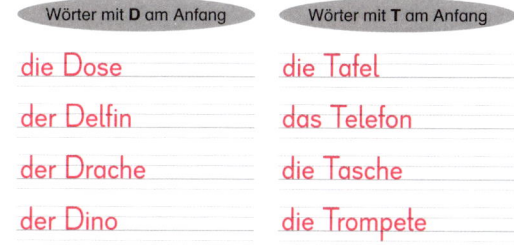 Telefon   klingelt und ich gehe dran.

Der [Delfin-Bild] Delfin   springt hoch aus dem Wasser.

Die [Dose-Bild] Dose   ist voll bunter Murmeln.

Die [Tasche-Bild] Tasche   ist pink mit blauen Punkten.

Beispiellösung:
Der [Dino-Bild] Dino ist groß und gefährlich   .

Die [Trompete-Bild] Trompete ist ein lautes Instrument .

③ Welches Bild passt nicht in die Reihe? Streiche es durch.

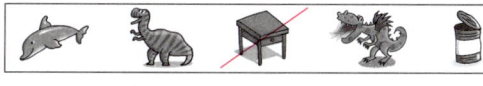

1 Kreise alle Wörter mit **G** am Anfang grün ein.
Kreise alle Wörter mit **K** am Anfang rot ein.

2 Schreibe die Wörter aus Aufgabe 1 mit Artikel richtig auf.

Wörter mit **G** am Anfang	Wörter mit **K** am Anfang
die Giraffe	der Kuchen
die Gurke	die Kerze
die Gabel	der Käse
die Gitarre	das Kino

3 Löse die Rätsel. Die Bilder aus Aufgabe 1 helfen dir.

Es ist Gemüse und es ist grün. • die Gurke

Es ist ein Tier mit einem langen Hals. • die Giraffe

Es ist lecker und hat Löcher. • der Käse

46

---

1 Ergänze **G** oder **K**.

G abel   K erze   K ino   K äse
K uchen   G eige   G urke   G iraffe

2 Fülle die Lücken. Schreibe eigene Sätze.

Das Kino _____ hat Platz für viele Leute.

Der Kuchen _____ ist mit Schokolade bestrichen.

Die Gurke _____ hat eine grüne Schale.

Die Kerze _____ leuchtet hell auf dem Tisch.

Beispiellösung:
Der Käse hat viele Löcher _____ .

Die Gabel brauche ich zum Essen _____ .

3 Welches Bild passt nicht in die Reihe? Streiche es durch.

---

1 Kreise alle Wörter mit **B** am Anfang grün ein.
Kreise alle Wörter mit **P** am Anfang rot ein.

2 Schreibe die Wörter aus Aufgabe 1 mit Artikel richtig auf.

Wörter mit **B** am Anfang	Wörter mit **P** am Anfang
der Baum	der Pinguin
das Bild	der Pilz
die Birne	der Papagei
das Buch	der Pirat

3 Löse die Rätsel. Die Bilder aus Aufgabe 1 helfen dir.

Es ist eine Pflanze mit vielen Blättern. • der Baum

Es ist ein Tier und kann sprechen. • der Papagei

Es schmeckt süß und ist grün. • die Birne

48

---

1 Ergänze **B** oder **P**.

B ild   B uch   P apagei   B irne
B aum   P ilz   P irat   P inguin

2 Fülle die Lücken. Schreibe eigene Sätze.

Das Buch _____ hat viele Seiten.

Der  Pilz _____ ist rot mit weißen Punkten.

Der Papagei hat bunte Federn und kann sprechen.

Der Baum _____ hat große Wurzeln.

Beispiellösung:
Die Birne wächst am Baum _____ .

Der Pirat trägt eine Augenklappe _____ .

3 Welches Bild passt nicht in die Reihe? Streiche es durch.

① Schreibe die Nomen in der Mehrzahl auf.

eine Hand – viele **Hände**

ein Ball – viele **Bälle**

ein Glas – viele **Gläser**

ein Rad – viele **Räder**

② Fülle die Lücken.

Ich gebe meiner Oma die **Hand** .

Ich schüttle viele **Hände** .

Das ist ein **Rad** .

Ein Fahrrad hat zwei **Räder** .

Ich schenke mir ein **Glas** Limo ein.

Dann fülle ich die **Gläser** meiner Gäste.

Ich bekomme einen blauen **Ball** .

In der Turnhalle gibt es viele **Bälle** .

50

---

① Schreibe zu den Verben jeweils das verwandte Wort auf.

fahren – er **fährt**

backen – sie **bäckt**

schlafen – er **schläft**

tragen – sie **trägt**

② Fülle die Lücken.

Wir **fahren** mit dem Auto.

Mein Papa **fährt** mit dem Auto.

Wir **backen** mit Oma einen Apfelkuchen.

Meine Oma **bäckt** einen Apfelkuchen.

Wir **schlafen** in der Schule.

Der Lehrer **schläft** auf dem Sofa.

Wir **tragen** die Tüten heim.

Mama **trägt** die größte Tüte.

---

① Schreibe die Nomen in der Mehrzahl auf.

ein Haus – viele **Häuser**

eine Maus – viele **Mäuse**

ein Schlauch – viele **Schläuche**

ein Baum – viele **Bäume**

② Fülle die Lücken.

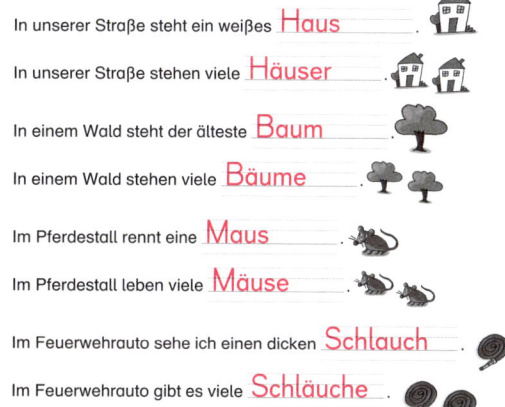

In unserer Straße steht ein weißes **Haus** .

In unserer Straße stehen viele **Häuser** .

In einem Wald steht der älteste **Baum** .

In einem Wald stehen viele **Bäume** .

Im Pferdestall rennt eine **Maus** .

Im Pferdestall leben viele **Mäuse** .

Im Feuerwehrauto sehe ich einen dicken **Schlauch** .

Im Feuerwehrauto gibt es viele **Schläuche** .

52

---

① Schreibe zu den Verben jeweils das verwandte Wort auf.

laufen – er **läuft**

saufen – es **säuft**

der Traum – sie **träumt**

rauben – die **Räuber**

② Fülle die Lücken.

Wir **laufen** schnell in die Schule.

Toni **läuft** schnell in die Schule.

Die Pferde **saufen** Wasser aus dem Eimer.

Das Pferd **säuft** Wasser aus dem Eimer.

Anna hat einen schönen **Traum** .

Sie **träumt** von einem neuen Fahrrad.

Sie **rauben** die Bank aus.

Die **Räuber** tragen schwarze Hosen.

satt

① Schreibe die passenden Adjektive zu den Bildern.

~~klein~~ groß langsam kalt schnell heiß

klein _____ groß _____ schnell _____

langsam _____ heiß _____ kalt _____

② Schreibe die passenden Adjektive zu den Bildern.

kurz blau lang grün schmal breit

Haare: kurz _____
Gesicht: breit _____
Mütze: grün _____

Haare: lang _____
Gesicht: schmal _____
Mütze: blau _____

54

① Wie ist etwas? Kreuze an. Unterstreiche die Adjektive.

  ☒ ein altes Schiff – ☐ ein neues Schiff

  ☐ ein dickes Buch – ☒ ein dünnes Buch

  ☐ ein trauriger Clown – ☒ ein lustiger Clown

  ☒ ein schnelles Auto – ☐ ein langsames Auto

  ☒ eine weiße Hose – ☐ eine schwarze Hose

② Schreibe die Gegensatz-Paare von Aufgabe 1.

ein altes Schiff – ein neues Schiff

ein dickes Buch – ein dünnes Buch

ein trauriger Clown – ein lustiger Clown

ein schnelles Auto – ein langsames Auto

eine weiße Hose – eine schwarze Hose

kontrolliert: ☆ **55**

---

① Ordne die Wörter nach Wortarten.

~~APFEL~~ ~~ZAHN~~ ~~REISEN~~ ~~LEISE~~ ~~HEXE~~ ~~HOCH~~
~~FINDEN~~ ~~DENKEN~~ ~~FRISCH~~ ~~SCHÖN~~ ~~RUFEN~~ ~~SPIEL~~

Nomen	Verben	Adjektive
Apfel	denken	frisch
Zahn	finden	leise
Hexe	reisen	schön
Spiel	rufen	hoch

② Male: Felder mit Adjektiven braun, Felder mit Verben gelb, Felder mit Nomen grün.

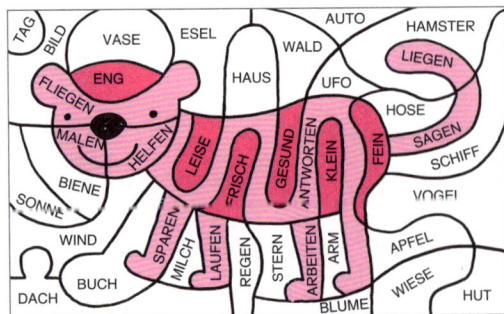

rot = Adjektive rosa = Verben weiß = Nomen

56 kontrolliert: ☆

… ist 33 Meter lang. … hört sehr gut.

… frisst Plankton und Fische. … lebt im Meer.

… ist das größte Tier der Erde. … taucht zum Atmen auf.

① Schreibe auf, was du über Blauwale erfahren hast.

Das habe ich über Blauwale erfahren:

Der Blauwal ist 33 Meter lang.

Der Blauwal hört sehr gut.

Der Blauwal lebt im Meer.

Der Blauwal taucht zum Atmen auf.

Der Blauwal ist das größte Tier der Erde.

Der Blauwal frisst Plankton und Fische.

kontrolliert: ☆ **57**

① Schreibe die Nomen in der Einzahl und Mehrzahl auf. Markiere **ß**.

der Fuß – die Füße, das Floß – die Flöße,

die Strauß – die Sträuße,

die Straße – die Straßen

② Schreibe die Reimwörter. Markiere **ß**.

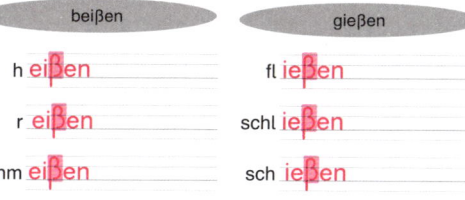

beißen   gießen

h eißen   fl ießen

r eißen   schl ießen

schm eißen   sch ießen

③ Trenne die Verben aus Aufgabe 2. Markiere **ß**.

hei-ßen, rei-ßen, schmei-ßen,

flie-ßen, schlie-ßen, schie-ßen

① Setze die passenden Wörter ein.

fleißig   süß   groß   weiß   heiß

Diesen Sommer war es sehr heiß _____.

Die Kinder in der Schule sind sehr fleißig _____.

Der Riese im Märchen ist sehr groß _____.

Der Kuchen von Oma schmeckt süß _____.

Die Wolken am Himmel sind weiß _____.

② Schreibe die Sätze aus Aufgabe 1.

Diesen Sommer war es sehr heiß.

Die Kinder in der Schule sind sehr fleißig.

Der Riese im Märchen ist sehr groß.

Der Kuchen von Oma schmeckt süß.

Die Wolken am Himmel sind weiß.

① Markiere die Wörter aus den Wortfamilien **bauen** blau
und **spielen** grün.

spielen	bauen	vorspielen
die Bausteine	aufbauen	der Spielplatz
das Spiel	ich baue	er baut	mitspielen

② Ordne die Wörter aus Aufgabe 1.

Wortfamilie **bauen**

die Bausteine, bauen,

aufbauen, ich baue,

er baut

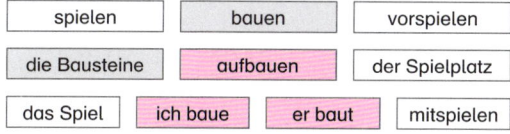

Wortfamilie **spielen**

spielen, vorspielen,

der Spielplatz, das Spiel,

mitspielen

> Wörter mit einem gemeinsamen Wortstamm
> gehören zu einer Wortfamilie.

① Markiere die Wörter aus den Wortfamilien **rechnen** rot
und **baden** gelb.

baden	ausrechnen	rechnen
er rechnet	die Badewanne	die Rechnung
ich bade	ich rechne	das Bad	er badet

② Ordne die Wörter aus Aufgabe 1.

Wortfamilie **baden**

baden, die Badewanne,

ich bade, das Bad,

er badet

Wortfamilie **rechnen**

ausrechnen, rechnen,

er rechnet, die Rechnung,

ich rechne

① Wie heißt die Wortfamilie?

das Schwimmbad | ich schwimme | der Schwimmer

So heißt die Wortfamilie: schwimmen

der Kleber | aufkleben | sie klebt

So heißt die Wortfamilie: kleben

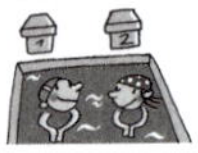

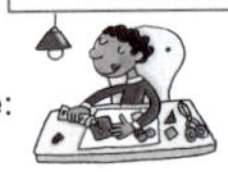

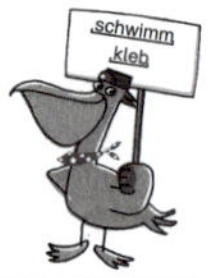

② Schreibe die Wörter aus Aufgabe 1.
Markiere den Wortstamm.

schwimm

das Schwimmbad, ich schwimme,
der Schwimmer

kleb

der Kleber, aufkleben, sie klebt

③ Finde weitere Wörter mit den Wortstämmen schwimm und kleb.

Beispiellösung:
Wettschwimmen, klebrig

① Wie heißt die Wortfamilie?

die Liebe | verliebt | der Liebling

So heißt die Wortfamilie: lieben

die Turnhalle | vorturnen | er turnt

So heißt die Wortfamilie: turnen

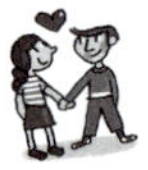

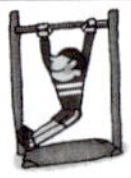

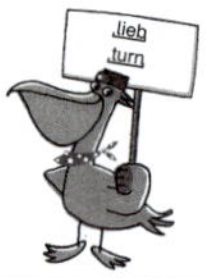

② Schreibe die Wörter aus Aufgabe 1.
Markiere den Wortstamm.

lieb

die Liebe, verliebt, der Liebling

turn

die Turnhalle, vorturnen, er turnt

③ Finde weitere Wörter mit den Wortstämmen lieb und turn.

Beispiellösung:
Turnschuh, beliebt

kontrolliert: ☆

① Male deine Träume.

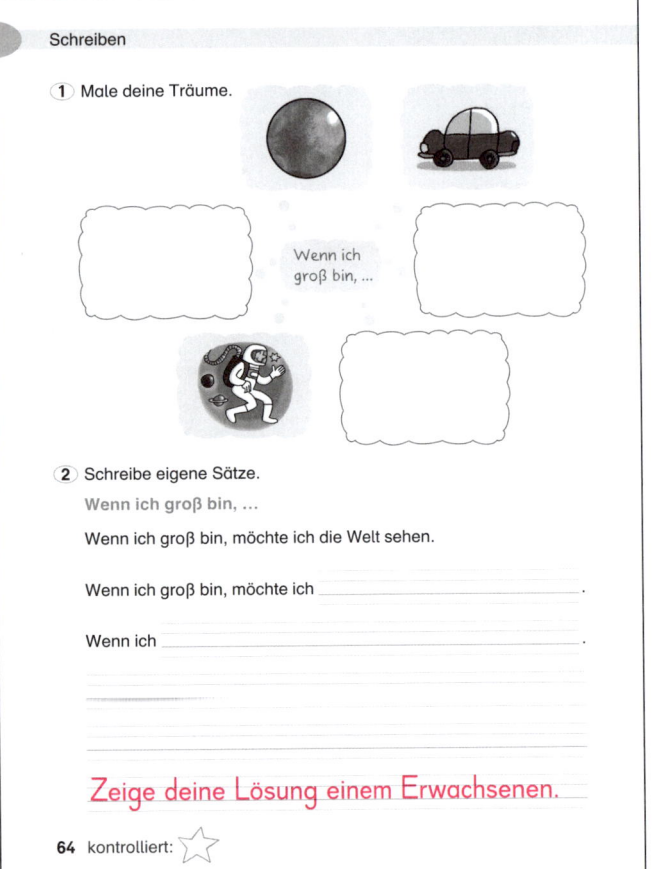

Wenn ich groß bin, ...

② Schreibe eigene Sätze.

Wenn ich groß bin, ...

Wenn ich groß bin, möchte ich die Welt sehen.

Wenn ich groß bin, möchte ich ______________________.

Wenn ich ______________________.

Zeige deine Lösung einem Erwachsenen.

 kontrolliert: ☆

1 Schreibe die Sätze richtig ab.

Die Hose ist grün.

_____

Die Rose ist rot.

_____

Der Stern ist gelb.

_____

Das Haus ist blau.

_____

Das Quadrat ist schwarz.

_____

Die Katze ist grau.

_____

2 Male die Bilder in der richtigen Farbe an.

1 Wo hörst du ein **St**?
Kreise ein.

Ich höre **SCHT**.
Ich schreibe **St** oder **st**.

2 Schreibe alle **St**-Wörter aus Aufgabe 1 mit Artikel auf.

3 Suche eigene Wörter mit **St st**.

1 Setze **St** ein. Schreibe die Wörter mit Artikel auf.

der ____iefel

der ____ift

die ____raße

der ____rumpf

2 Fülle die Lücken.
Schreibe die Sätze richtig ab.

Am Himmel leuchten die _____.

Ich male mit meinen _____.

Die Autos fahren auf der _____.

Auf dem Schornstein sitzt ein _____.

1 Wo hörst du ein **Sp sp**?
Kreise ein.

Ich höre SCHP.
Ich schreibe Sp oder sp.

2 Schreibe alle **Sp/sp**-Wörter aus Aufgabe 1 mit Artikel auf.

3 Suche eigene Wörter mit **Sp sp**.

1 Setze **Sp sp** ein. Schreibe die Wörter mit Artikel auf.

der ____iegel _____

die ____inne _____

die ____uren _____

das Ge____enst _____

2 **Sp** oder **St**?
Schreibe die Wörter mit Artikel richtig auf.

Wörter mit **St**	Wörter mit **Sp**
der Stift	

1 Schreibe die passenden Verben unter die Bilder.

Verben sagen, was man tut.

~~baden~~   lesen   malen   spielen

hören   schreiben   rechnen   liegen

schneiden   gehen   reiten   singen

baden

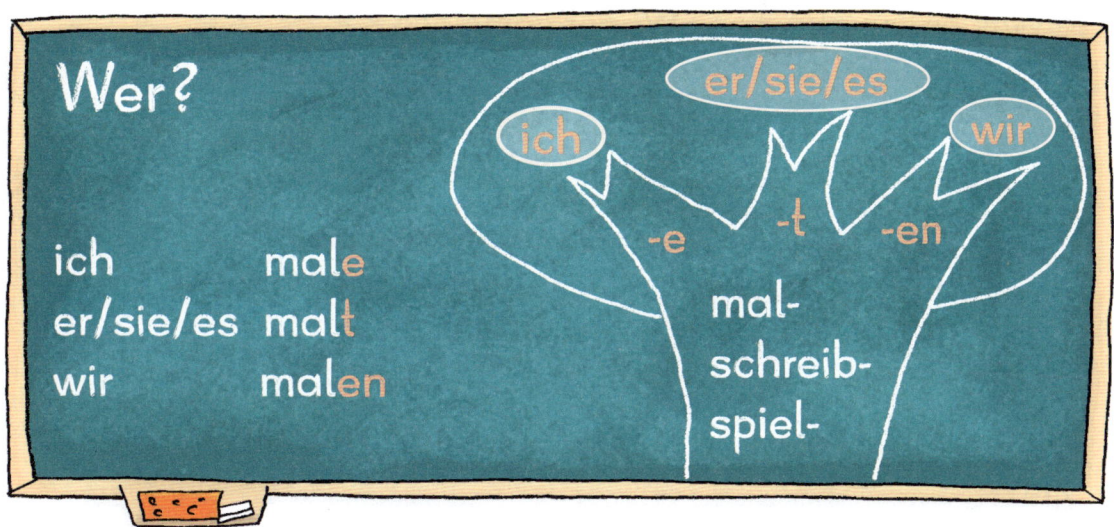

1 Setze die Verben von der Tafel in der richtigen Form ein.

Ich **male** _____ mit Buntstiften.

Er _____ ein Bild für Papa.

Wir _____ mit Pinsel und Wasserfarbe.

Ich _____ Emil einen Brief.

Sie _____ eine lange Geschichte.

Wir _____ in unser Heft.

Das Verb kann sich verändern.

Ich _____ mit meiner Oma Karten.

Es _____ gern auf dem Spielplatz.

Wir _____ zusammen Fußball.

1 Was haben alle diese Wörter gemeinsam?
Kreise ein.

| lesen | malen | singen | bauen |

| kleben | kochen | laufen | schreiben |

2 Schreibe die Wörter aus Aufgabe 1 auf.

3 Suche eigene Wörter mit dem Endbaustein -en.

1 Fülle die Lücken.

Die Kinder _____ ein Bild.

Die Kinder _____ mit Bausteinen.

Die Kinder _____ ein Buch.

Die Kinder _____ zum Bus.

Die Kinder _____ .

2 Verbinde und schreibe die Wörter richtig auf.

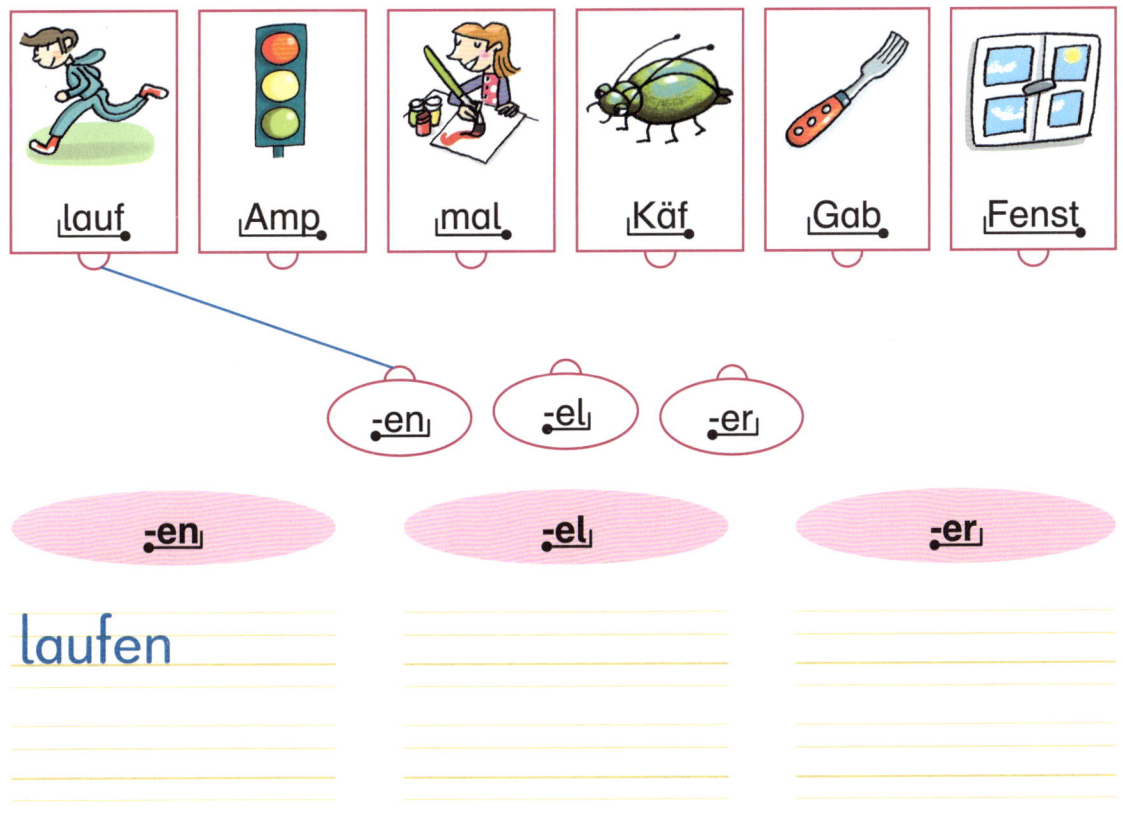

lauf   Amp   mal   Käf   Gab   Fenst

-en   -el   -er

-en   -el   -er

laufen

1 Setze den passenden Anfangsbuchstaben ein.
Schreibe die Nomen mit Artikel.

• Hase   • __rot   • __olke

der Hase

• __abel   • __eder   • __egen

• __iene   • __uß   • __aby

2 Setze die Verben in der richtigen Form ein.

singen   rufen   gehen   warten

Ich _____ meinen Hund.   Emil _____ seinen Hund.

Ich _____ hinaus.   Marie _____ auch hinaus.

Ich _____ gern.   Lisa _____ auch gern.

Ich _____ auf Max.   Max _____ auf mich.

1 Schreibe die Sätze richtig auf.

INS WASSER · DIE JUNGEN ·
SPRINGEN

_____
_____
_____
_____

AUF DER WIESE · DIE KINDER ·
SPIELEN

_____
_____
_____
_____

IM GARTEN · DAS MÄDCHEN ·
SCHAUKELT

_____
_____
_____
_____

AUF DER WIESE · DIE KINDER ·
SPIELEN · FUßBALL

_____
_____
_____

1 Kreise alle Wörter mit **D** am Anfang grün ein.
Kreise alle Wörter mit **T** am Anfang rot ein.

2 Schreibe die Wörter aus Aufgabe 1 mit Artikel richtig auf.

Wörter mit **D** am Anfang	Wörter mit **T** am Anfang

3 Löse die Rätsel. Die Bilder aus Aufgabe 1 helfen dir.

Es ist ein Tier und lebt im Wasser. ●

Es hängt in jedem Klassenzimmer. ●

Es ist ein lautes Instrument. ●

1 Ergänze **D** oder **T**.

___ino ___elefon ___ose ___rache

___elfin ___afel ___asche ___rompete

2 Fülle die Lücken. Schreibe eigene Sätze.

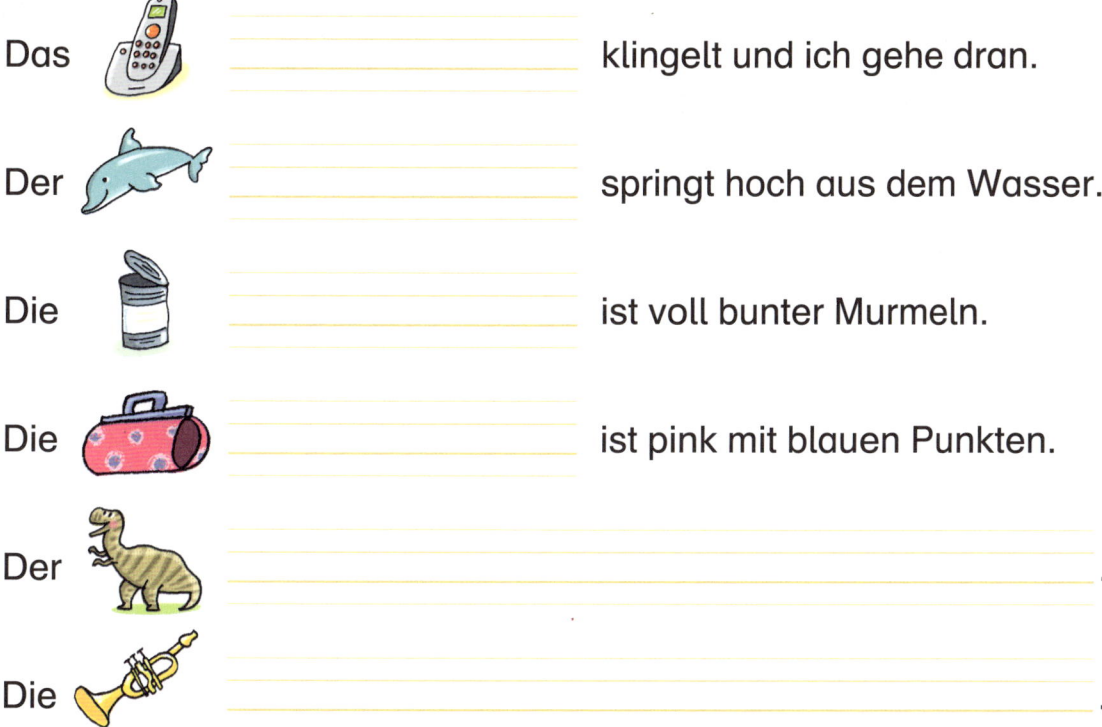

Das _____ klingelt und ich gehe dran.

Der _____ springt hoch aus dem Wasser.

Die _____ ist voll bunter Murmeln.

Die _____ ist pink mit blauen Punkten.

Der _____.

Die _____.

3 Welches Bild passt nicht in die Reihe? Streiche es durch.

① Kreise alle Wörter mit **G** am Anfang grün ein.
Kreise alle Wörter mit **K** am Anfang rot ein.

② Schreibe die Wörter aus Aufgabe 1 mit Artikel richtig auf.

Wörter mit **G** am Anfang   Wörter mit **K** am Anfang

③ Löse die Rätsel. Die Bilder aus Aufgabe 1 helfen dir.

Es ist Gemüse und es ist grün.

Es ist ein Tier mit einem langen Hals.

Es ist lecker und hat Löcher.

1 Ergänze **G** oder **K**.

___abel   ___erze   ___ino   ___äse

___uchen   ___eige   ___urke   ___iraffe

2 Fülle die Lücken. Schreibe eigene Sätze.

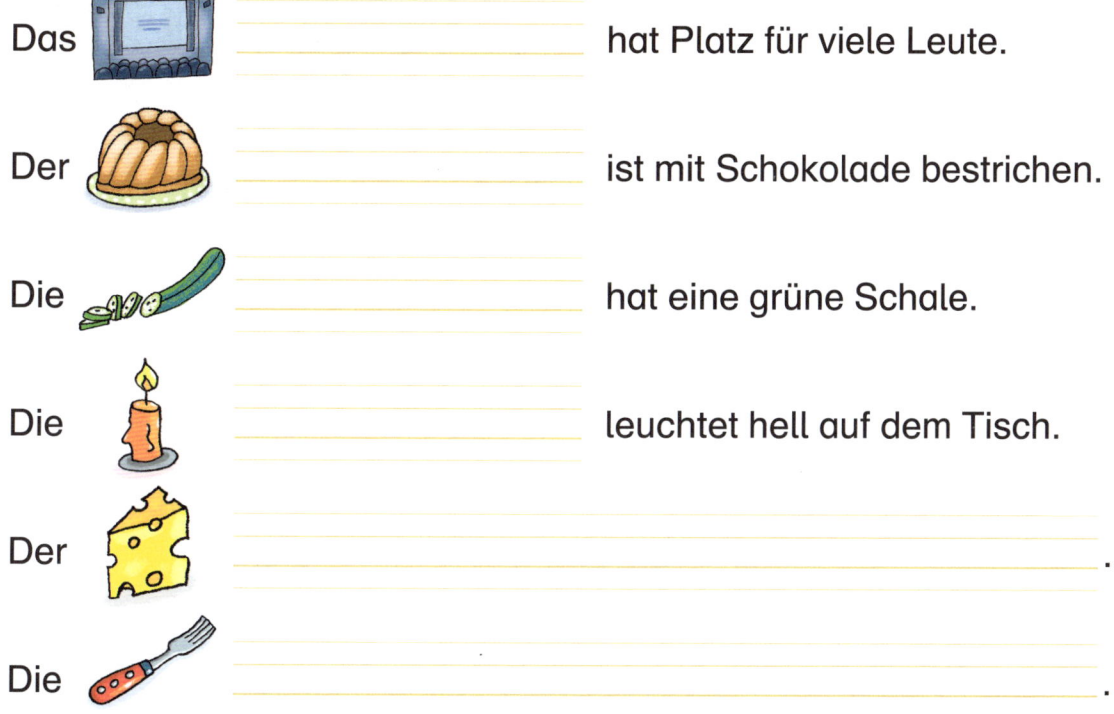

Das _____ hat Platz für viele Leute.

Der _____ ist mit Schokolade bestrichen.

Die _____ hat eine grüne Schale.

Die _____ leuchtet hell auf dem Tisch.

Der _____ .

Die _____ .

3 Welches Bild passt nicht in die Reihe? Streiche es durch.

1 Kreise alle Wörter mit **B** am Anfang grün ein.
Kreise alle Wörter mit **P** am Anfang rot ein.

2 Schreibe die Wörter aus Aufgabe 1 mit Artikel richtig auf.

Wörter mit **B** am Anfang   Wörter mit **P** am Anfang

3 Löse die Rätsel. Die Bilder aus Aufgabe 1 helfen dir.

Es ist eine Pflanze mit vielen Blättern. ●

Es ist ein Tier und kann sprechen. ●

Es schmeckt süß und ist grün. ●

1 Ergänze **B** oder **P**.

___ild   ___uch   ___apagei   ___irne

___aum   ___ilz   ___irat   ___inguin

2 Fülle die Lücken. Schreibe eigene Sätze.

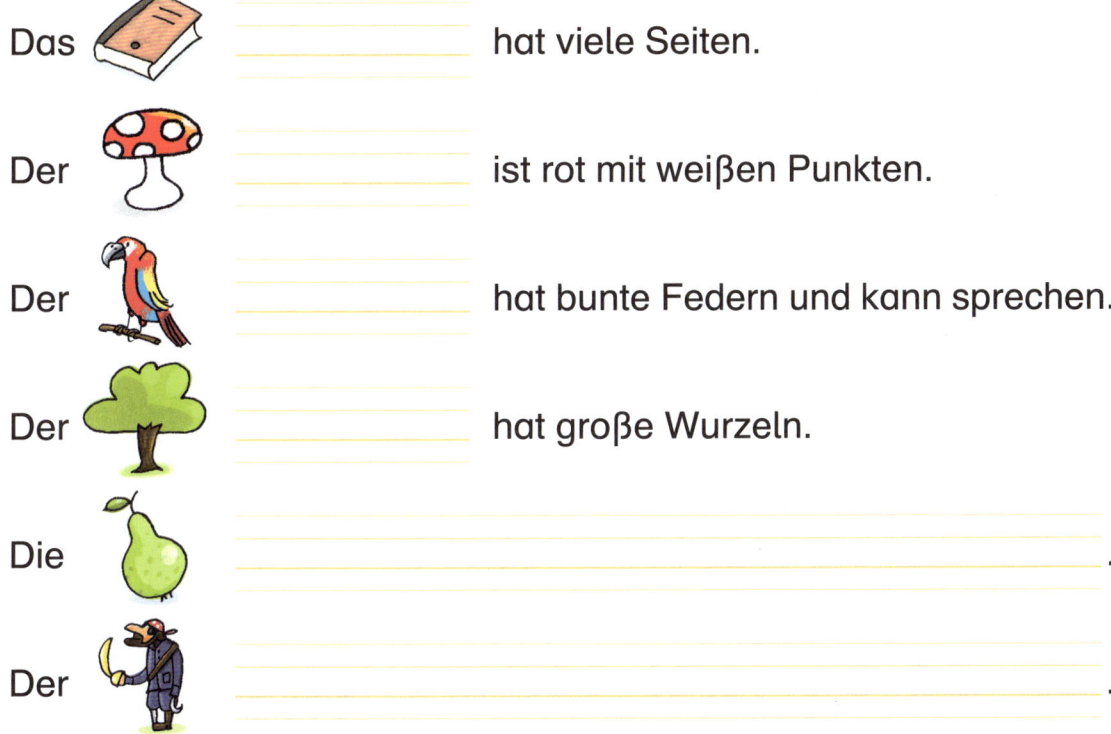

Das _____ hat viele Seiten.

Der _____ ist rot mit weißen Punkten.

Der _____ hat bunte Federn und kann sprechen.

Der _____ hat große Wurzeln.

Die _____ .

Der _____ .

3 Welches Bild passt nicht in die Reihe? Streiche es durch.

1 Schreibe die Nomen in der Mehrzahl auf.

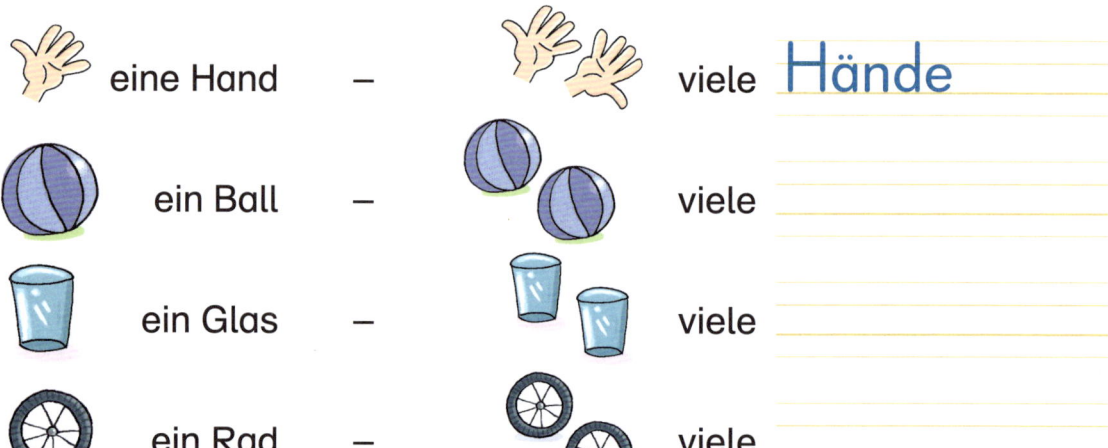

eine Hand — viele Hände

ein Ball — viele _____

ein Glas — viele _____

ein Rad — viele _____

2 Fülle die Lücken.

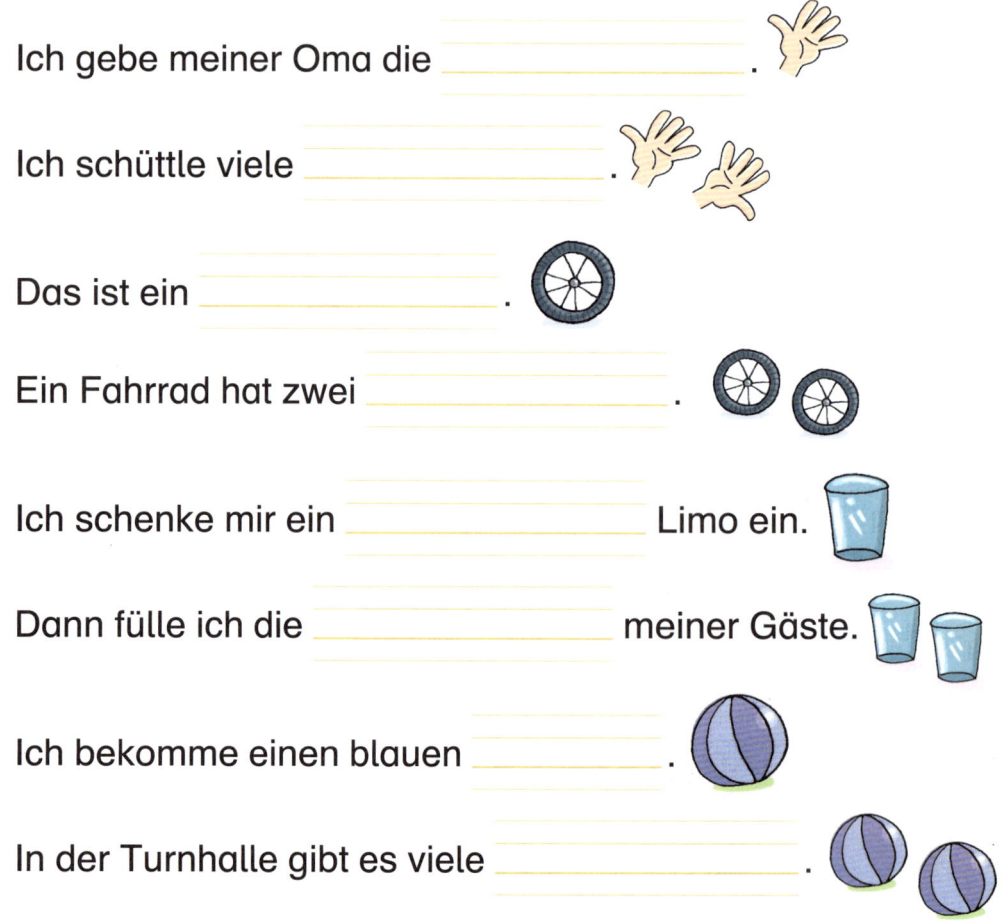

Ich gebe meiner Oma die _____ .

Ich schüttle viele _____ .

Das ist ein _____ .

Ein Fahrrad hat zwei _____ .

Ich schenke mir ein _____ Limo ein.

Dann fülle ich die _____ meiner Gäste.

Ich bekomme einen blauen _____ .

In der Turnhalle gibt es viele _____ .

1 Schreibe zu den Verben jeweils das verwandte Wort auf.

fahren   –   er _____

_____

backen   –   sie _____

_____

schlafen   –   er _____

_____

tragen   –   sie _____

_____

2 Fülle die Lücken.

Wir _____ mit dem Auto.

Mein Papa _____ mit dem Auto.

Wir _____ mit Oma einen Apfelkuchen.

Meine Oma _____ einen Apfelkuchen.

Wir _____ in der Schule.

Der Lehrer _____ auf dem Sofa.

Wir _____ die Tüten heim.

Mama _____ die größte Tüte.

kontrolliert: ☆   **51**

1 Schreibe die Nomen in der Mehrzahl auf.

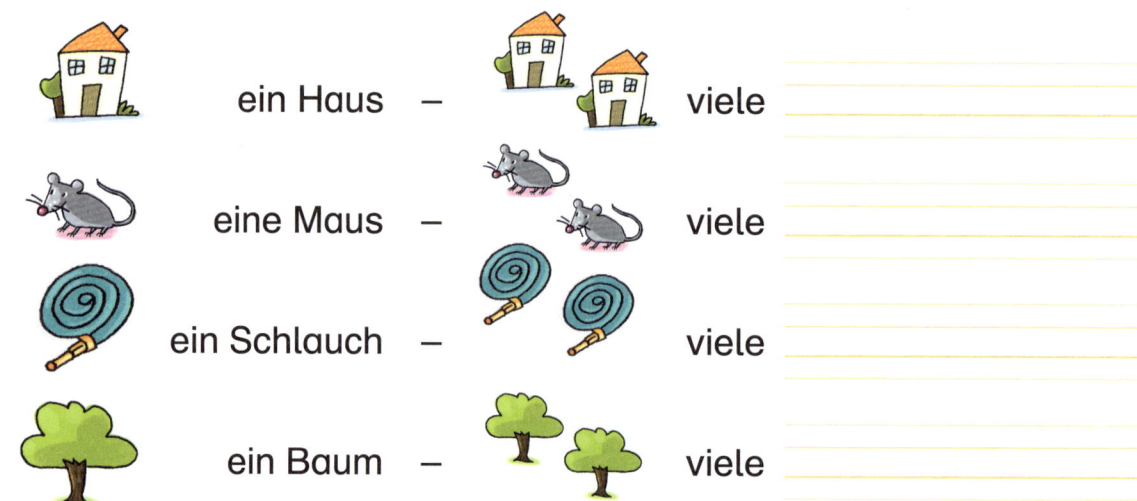

ein Haus   –   viele _____

eine Maus   –   viele _____

ein Schlauch   –   viele _____

ein Baum   –   viele _____

2 Fülle die Lücken.

In unserer Straße steht ein weißes _____ .

In unserer Straße stehen viele _____ .

In einem Wald steht der älteste _____ .

In einem Wald stehen viele _____ .

Im Pferdestall rennt eine _____ .

Im Pferdestall leben viele _____ .

Im Feuerwehrauto sehe ich einen dicken _____ .

Im Feuerwehrauto gibt es viele _____ .

1 Schreibe zu den Verben jeweils das verwandte Wort auf.

laufen — er _____

saufen — es _____

der Traum — sie _____

rauben — die _____

2 Fülle die Lücken.

Wir _____ schnell in die Schule.

Toni _____ schnell in die Schule.

Die Pferde _____ Wasser aus dem Eimer.

Das Pferd _____ Wasser aus dem Eimer.

Anna hat einen schönen _____.

Sie _____ von einem neuen Fahrrad.

Sie _____ die Bank aus.

Die _____ tragen schwarze Hosen.

satt

1 Schreibe die passenden Adjektive zu den Bildern.

<del>klein</del>   groß   langsam   kalt   schnell   heiß

klein _____   _____   _____

_____   _____   _____

2 Schreibe die passenden Adjektive zu den Bildern.

kurz   blau   lang   grün   schmal   breit

Haare: _____

Gesicht: _____

Mütze: _____

Haare: _____

Gesicht: _____

Mütze: _____

1 Wie ist etwas? Kreuze an. Unterstreiche die Adjektive.

☒ ein <u>altes</u> Schiff   –   ☐ ein <u>neues</u> Schiff

☐ ein dickes Buch   –   ☐ ein dünnes Buch

☐ ein trauriger Clown – ☐ ein lustiger Clown

☐ ein schnelles Auto   –   ☐ ein langsames Auto

☐ eine weiße Hose   –   ☐ eine schwarze Hose

2 Schreibe die Gegensatz-Paare von Aufgabe 1.

ein altes Schiff – ein neues Schiff

1 Ordne die Wörter nach Wortarten.

~~APFEL~~ ZAHN REISEN LEISE HEXE HOCH

FINDEN DENKEN FRISCH SCHÖN RUFEN SPIEL

Nomen	Verben	Adjektive
Apfel		

2 Male: Felder mit Adjektiven braun, Felder mit Verben gelb,
Felder mit Nomen grün.

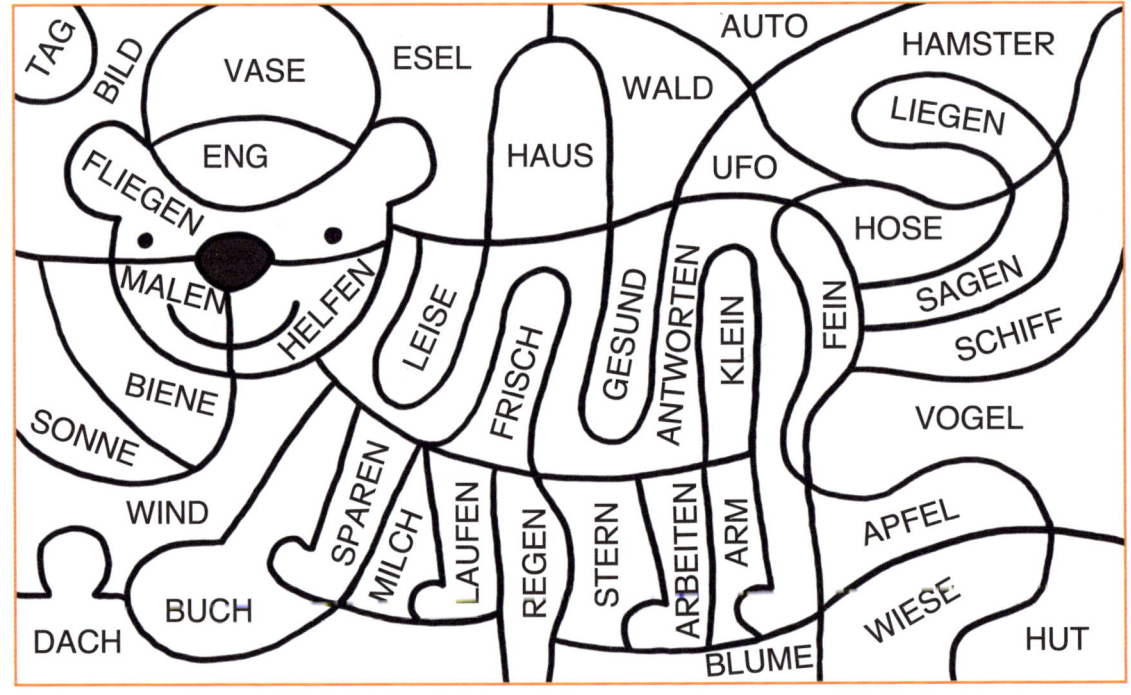

... ist 33 Meter lang.

... hört sehr gut.

... frisst Plankton und Fische.

... lebt im Meer.

... ist das größte Tier der Erde.

... taucht zum Atmen auf.

1 Schreibe auf, was du über Blauwale erfahren hast.

Das habe ich über Blauwale erfahren:

Der Blauwal

1 Schreibe die Nomen in der Einzahl und Mehrzahl auf. Markiere **ß**.

2 Schreibe die Reimwörter. Markiere **ß**.

beißen   gießen

h _____   fl _____

r _____   schl _____

schm _____   sch _____

3 Trenne die Verben aus Aufgabe 2. Markiere **ß**.

1 Setze die passenden Wörter ein.

fleißig   süß   groß   weiß   heiß

Diesen Sommer war es sehr _____ .

Die Kinder in der Schule sind sehr _____ .

Der Riese im Märchen ist sehr _____ .

Der Kuchen von Oma schmeckt _____ .

Die Wolken am Himmel sind _____ .

2 Schreibe die Sätze aus Aufgabe 1.

_____
_____
_____
_____
_____
_____
_____
_____
_____
_____
_____
_____
_____
_____
_____

kontrolliert: ☆   **59**

1 Markiere die Wörter aus den Wortfamilien **bauen** blau
und **spielen** grün.

spielen	bauen	vorspielen
die Bausteine	aufbauen	der Spielplatz
das Spiel	ich baue	er baut	mitspielen

2 Ordne die Wörter aus Aufgabe 1.

Wortfamilie **bauen**

die Bausteine,

Wortfamilie **spielen**

Wörter mit einem gemeinsamen Wortstamm
gehören zu einer Wortfamilie.

Wortfamilien

1 Markiere die Wörter aus den Wortfamilien **rechnen** rot
und **baden** gelb.

baden	ausrechnen	rechnen
er rechnet	die Badewanne	die Rechnung
ich bade	ich rechne	das Bad	er badet

2 Ordne die Wörter aus Aufgabe 1.

Wortfamilie **baden**

Wortfamilie **rechnen**

1 Wie heißt die Wortfamilie?

| das Schwimmbad | ich schwimme | der Schwimmer |

So heißt die Wortfamilie: _____

| der Kleber | aufkleben | sie klebt |

So heißt die Wortfamilie: _____

schwimm
kleb

2 Schreibe die Wörter aus Aufgabe 1.
Markiere den Wortstamm.

schwimm

das Schwimmbad,

_____

_____

kleb

_____

_____

3 Finde weitere Wörter mit den Wortstämmen schwimm und kleb.

_____

_____

1 Wie heißt die Wortfamilie?

die Liebe	verliebt	der Liebling

So heißt die Wortfamilie: _____

die Turnhalle	vorturnen	er turnt

So heißt die Wortfamilie: _____

2 Schreibe die Wörter aus Aufgabe 1.
Markiere den Wortstamm.

lieb

_____

_____

_____

_____

turn

_____

_____

_____

_____

3 Finde weitere Wörter mit den Wortstämmen lieb und turn.

_____

_____

1 Male deine Träume.

Wenn ich
groß bin, ...

2 Schreibe eigene Sätze.

Wenn ich groß bin, …

Wenn ich groß bin, möchte ich die Welt sehen.

Wenn ich groß bin, möchte ich _____.

Wenn ich _____.